LA PATRIA ES UN DON, la Nación una tarea

Refundar con esperanza nuestros vínculos sociales

Cardenal Jorge Mario Bergoglio, sj

LA PATRIA ES UN DON, la Nación una tarea

Refundar con esperanza nuestros
vínculos sociales

Editorial Claretiana

Bergoglio, Jorge Mario
  La patria es un don, la nación una tarea: refundar con
  esperanza nuestros vínculos sociales. - 1a ed. - Ciudad
  Autónoma de Buenos Aires: Claretiana, 2013.
  144 p.; 20x14 cm. - (Pastores)

  ISBN 978-950-512-816-7

  1. Cristianismo. I. Título
  CDD 230

CLARET
PUBLISHING GROUP

Editorial Claretiana es miembro de
Claret Publishing Group
Bangalore • Barcelona • Buenos Aires • Chennai •
Macau • Madrid • Manila • San Pablo

1a edición, agosto de 2013

EDITORIAL CLARETIANA
Lima 1360 - C1138ACD Buenos Aires
República Argentina
Tel: 4305-9510/9597 - Fax: 4305-6552
E-mail: editorial@editorialclaretiana.com
www.editorialclaretiana.com

¡Refundar con esperanza nuestros vínculos sociales!: esto no es un frío postulado eticista y racionalista. No se trata de una nueva utopía irrealizable ni mucho menos de un pragmatismo desafectado y expoliador. Es la necesidad imperiosa de convivir para construir juntos el bien común posible, el de una comunidad que resigna intereses particulares para poder compartir con justicia sus bienes, sus intereses, su vida social en paz. Tampoco se trata solamente de una gestión administrativa o técnica, de un plan, sino que es la convicción constante que se expresa en gestos, en el acercamiento personal, en un sello distintivo, donde se exprese esta voluntad de cambiar nuestra manera de vincularnos amasando, en esperanza, una nueva cultura del encuentro, de la projimidad; donde el privilegio no sea ya un poder inexpugnable e irreductible, donde la explotación y el abuso no sean más una manera habitual de sobrevivir. En esta línea de fomentar un acercamiento, una cultura de esperanza que cree nuevos vínculos, los invito a ganar voluntades, a serenar y convencer.

(Homilía del *Te Deum* del 25 de mayo de 2000).

PRÓLOGO

El título de esta obra *"La Patria es un don, la Nación una tarea"*, tomado del mensaje de la Conferencia Episcopal Argentina, con motivo de la celebración del Bicentenario de la Patria y que fue leído en el *Te Deum* del 25 de mayo de 2010 por el *cardenal Jorge Mario Bergoglio, sj,* nos ayuda a comprender, integrar, interpretar y reflexionar el conjunto de las nueve homilías que estamos presentando.

Las reflexiones que se hacen sobre los textos evangélicos que iluminan cada homilía, al mismo tiempo son una exégesis pastoral del mensaje evangélico orientado a la vida personal y comunitaria, a la sociedad civil, la comunidad política, y a los creyentes; una mirada crítica sobre la realidad política, económica y social de cada momento de nuestra historia presente; -siempre desde la óptica del pasaje evangélico- y como propuesta cargada de esperanza sobre la posibilidad de mejorar esa realidad, por momentos agobiante y cargada de tensiones y conflictos.

Las palabras pronunciadas año a año comparten una matriz de pensamiento y sentimiento. Las más actuales echan luz sobre el pasado y nos abren a nuevas lecturas e interpretaciones. Nos colocan en un nuevo horizonte hermenéutico donde seguir rumiando sentidos.

De la lectura del conjunto de las homilías surgen, por un lado, la hondura de pensamiento del autor, y su capacidad para mirar e iluminar la realidad desde la fe, desde la Palabra de Dios, en una interrelación cargada de sentido, y por otro, las riquezas de las explicitaciones conceptuales que surgen de ese diálogo entre fe e historia como son: la dignidad de la persona y la nobleza de su tarea política; la necesidad de generar un nuevo vínculo social entre los argentinos; la historia como memoria colectiva y acervo cultural; la vigencia de promover una cultura del encuentro, del amor o de la amistad social como fundamento de la convivencia. La importancia de la persona al servicio del sujeto colectivo: el Pueblo de Dios, la Patria, la comunidad, sobre todo en aquellos con responsabilidades públicas y de liderazgo social y político. La preocupación por los pobres, entendidos como toda persona en situación de necesidad, ya sea material o espiritual, el poder como servicio, el bien común, el trabajo como clave y ordenador de la cuestión social, la lucha contra el relativismo y la reivindicación de los valores evangélicos.

Quienes tenemos la responsabilidad de animar la *Pastoral Social en la Arquidiócesis de Buenos Aires,* durante un tiempo prolongado nos dimos a la tarea de estudiar y reflexionar sobre las homilías realizadas por nuestro Arzobispo[1] en los *Te Deum* de los 25 de mayo. No hicimos más que confirmar lo que ya habíamos percibido al escucharlo cada año. Pero al analizarlas en conjunto, el horizonte se amplió. Pensamos que tanta riqueza tenía que ser puesta en común como alimento para todos los argentinos que, como ciudadanos, se sienten convocados a realizar el bien común, con sentido de pertenencia a un pueblo donde encuentra su identidad. Pertenencia e identidad que se fundan en la projimidad con los otros.

---

1. Nota del Editor: Este libro, junto con otros materiales suyos, fue encargado a la Editorial Claretiana por el Cardenal Bergoglio a inicios de febrero de 2013. Cuando el 13 de Marzo de 2013 fue elegido Papa, ya estaba casi terminado de editar y maquetar. Por decisión de la propia Editorial se retrasó su publicación hasta mediados de 2013.

Su palabra profética y esperanzadora, convoca al pueblo argentino a *"ponerse la Patria al hombro"*, a hacerse cargo de su pasado, presente y futuro; a forjarlo desde la *"memoria de sus raíces"*, *"de sus convicciones más profundas"*, apelando a la creatividad y al compromiso para construir una nueva Nación. Un proyecto de país que nos tenga en cuenta a todos, sin exclusión. Porque sólo puede ser creíble un proyecto que incluya a todos en todas sus dimensiones.

Esperamos que estas reflexiones, como dice el cardenal Bergoglio, nos ayuden a *"Abrir nuevos horizontes"* y a desarrollar *"una auténtica creatividad"*, consistente en la capacidad de *"crear algo nuevo sin negar lo anterior"*, a *"abrir los ojos, ver y dejarnos ver"*.

Invitamos a todos los argentinos, particularmente a su dirigencia, a beber de esta fuente de agua fresca, de sabiduría que hoy compartimos y así podamos servir a esta comunidad de destino que es la Patria, la Nación.

Pbro. Carlos Alberto Accaputo

TE DEUM[2]

A ti, oh Dios, te alabamos,
a ti, Señor, te reconocemos.
A ti, eterno Padre,
te venera toda la creación.

Los ángeles todos, los cielos
y todas las potestades te honran.
Los querubines y serafines
te cantan sin cesar:

Santo, Santo, Santo es el Señor,
Dios de los ejércitos.
Los cielos y la tierra
están llenos de la majestad de tu gloria.

---

2. **Te Deum** (latín): 'A ti, Dios', primeras palabras del cántico que es uno de los primeros himnos cristianos, de acción de gracias. Se Suele llamar también "Himno Ambrosiano", pues según una leyenda, lo compusieron en común san Ambrosio de Milán y san Agustín de Hipona, cuando, en el año 387 Agustín recibió el bautismo de manos de san Ambrosio. Ambrosio, movido por el Espíritu Santo, improvisó este himno y Agustín iba respondiendo a sus versos. Estudios recientes han verificado que el *Te Deum* en realidad fue escrito en el siglo IV por Aniceto de Remesiana. Su origen se remonta probablemente a la primera mitad del siglo IV. En su forma actual se encuentra por primera vez en el "Antiphonarium Benchorense" de Bangor (Irlanda del Norte), que se debe fechar alrededor del año 690. Desde el siglo IX se conocen también diversas traducciones.

A ti te ensalza el glorioso coro de los apóstoles,
la multitud admirable de los profetas,
el blanco ejército de los mártires.

A ti la Iglesia santa,
extendida por toda la tierra, te aclama:
Padre de inmensa majestad,
Hijo único y verdadero, digno de adoración,
Espíritu Santo, defensor.

Tú eres el Rey de la gloria, Cristo.
Tú eres el Hijo único del Padre.
Tú, para liberar al hombre,
aceptaste la condición humana
sin desdeñar el seno de la Virgen.

Tú, rotas las cadenas de la muerte,
abriste a los creyentes el Reino de los Cielos.
Tú, sentado a la derecha de Dios
en la gloria del Padre.

Creemos que un día has de venir como juez.

Te rogamos, pues, que vengas en ayuda de tus siervos,
a quienes redimiste con tu preciosa sangre.
Haz que en la gloria eterna
nos asociemos a tus santos.

Salva a tu pueblo, Señor,
y bendice tu heredad.
Sé su pastor
y ensálzalo eternamente.

Día tras día te bendecimos
y alabamos tu nombre para siempre,
por eternidad de eternidades.

Dígnate, Señor, en este día
guardarnos del pecado.
Ten piedad de nosotros, Señor,
ten piedad de nosotros.

Que tu misericordia, Señor,
venga sobre nosotros,
como lo esperamos de ti.
En ti, Señor, confié,
no me veré defraudado para siempre.

INTRODUCCIÓN

Los textos reunidos en esta obra presentan las Homilías pronunciadas en los *Te Deum* con motivo del Día Patrio del 25 de mayo por Jorge M. Bergoglio sj, Arzobispo de Buenos Aires y Cardenal Primado de la Argentina en la Catedral Metropolitana.

Consiste en nueve homilías desarrolladas durante los años 1999 al 2004; 2006, 2011 y 2012. En los años 2005, 2007 al 2009 no se realizó el *Te Deum* en la Catedral Metropolitana. En 2010, con motivo de la celebración del Bicentenario del nacimiento de la Patria, se realizó el *Te Deum* en el que se leyó el mensaje de la Conferencia Episcopal Argentina que también forma parte de esta publicación.

Estos textos acompañan el devenir y el dramatismo de la historia argentina de fin del siglo XX e inicios del nuevo siglo y milenio. Son reflexiones situadas, textos vinculados a momentos, climas, tensiones, situaciones de agenda. Están densamente comprometidos con su presente. Sin embargo, dejarlos en esa clave de lectura resulta insuficiente. No son sólo eso.

Tienen un oído en el latir de la sociedad argentina, de un pueblo en búsqueda de su destino, y otro en las resonancias temporales del evangelio. De la palabra de Dios, del mensaje del Señor, de su especificación en situaciones concretas, de la búsqueda de la contextualización de la Palabra de Dios en el caminar de un país, de un pueblo, de una Nación, por momentos muy complejos.

La realidad internacional, el proceso de globalización y su influencia en el acontecer nacional. La transición del gobierno del Dr. Carlos Menem al de la Alianza. Los días dramáticos de fin del año 2001. La salida abrupta de la convertibilidad y el drama social de esos años. La convocatoria al diálogo argentino y la lenta recuperación económica, social y política. El gobierno del Dr. Eduardo Duhalde, las elecciones del año 2003, el gobierno del Dr. Néstor Kirchner y los mandatos de la Dra. Cristina Fernández de Kirchner, son el contexto histórico en el cual se han desarrollado las homilías.

Una doble circunstancia le da marco a cada uno de los mensajes. De un lado la conmemoración del acontecimiento fundacional de la nacionalidad independiente: invita al balance, a la recapitulación, y a partir de allí pone de manifiesto el contraste entre la ilusión inicial y el proyecto y los resultados. Recorrido más rico que lo que admiten los escépticos, pero no tanto como el que registran los satisfechos. Distinto cuando lo aprecian los de abajo que cuando se mira desde las cimas del poder o la riqueza. De otro lado, las realidades propias de cada momento, a veces alentadoras, propicias, en ocasiones, como en los primeros tramos del nuevo siglo, colmadas de síntomas inquietantes de desilusión. Primero una sociedad malherida; luego, una trabajosa y tensa recuperación.

Hay, a lo largo de los textos, una honda preocupación – en rigor, un perceptible dolor- por el destino de un pueblo y de una nación que por momentos parece que se desencuentra con el legado de los líderes de la emancipación. Civiles y militares, profesionales, comerciantes, intelectuales que obraban conforme un ideal de altura y alcance continental. Libres e independientes.

Hay diagnósticos agudos de realidades externas e internas que abonan tal desencuentro. Hay prescripciones y señalamientos de caminos alternativos para retomar el rumbo y reencontrarse con un posible siempre presente -en la Nación- a condición de procurarlo con fe, firmeza y perseverancia. Un posible que reclama de los que deciden, en cada esfera de la vida social, se despojen de equívocos pragmatismos, "desafectados y expoliadores", y orienten la construcción del bien de todos. Hay, en fin, el reconocimiento de un pueblo dispuesto a participar haciéndose eco de la empresa común.

Por cierto que están también, detrás de todo, las fuerzas y actores externos, empezando por las que promueven una globalización *"que parece desnudar agresivamente todas nuestras dicotomías"*, que las activa y obtiene beneficio de ellas. Un *"avance del poder económico y del lenguaje que lo asiste en ocasiones con aire académico"*. Una globalización que, en palabras de Juan Pablo II *"se rige por las leyes del mercado aplicado según la conveniencia de los poderosos"*. Poderosos, indiferentes e insolidarios, celosos de todos y cada uno de sus privilegios, empeñados en resistir cualquier intento de limitarlos. Aquí y en todo el mundo. Intereses *"escondidos en su burbuja de abundancia"* exigiendo *"sacrificios nunca suficientes"*, *"evadiendo su responsabilidad social y lavando las riquezas que el esfuerzo de todos producen"*. *"Privilegios que parecen inexpugnables e irreducibles"*.

¿Y cuál es su promesa? -se pregunta-: un país y un mundo cada vez más desigual y lleno de hostilidades. *"Una juventud tentada por el consumismo, inmersa en el vacío y las vaciedades"*. Cerrada sobre sí misma y de espaldas al futuro.

"Hemos vivido muchas ficciones -nos dice el pastor-; creyendo estar en los primeros mundos, nos abrazó el becerro de oro de la estabilidad consumista y viajera de algunos a costa del empobrecimiento de millones".

Intelectuales sin talentos y técnicos a disposición del poder. Ambiciosos escaladores que tras sus diplomas internacionales y su lenguaje técnico, por lo demás fácilmente intercambiable, disfrazan sus saberes precarios y su casi inexistente humanidad. Adeptos seguidores de modas que universalizan. Mientras que la política, la herramienta más apta para transformar la realidad en orden al bienestar de todos, se esteriliza por un internismo faccioso convertida en una suerte de deporte nacional en el cual, en vez de enriquecerse con la exposición y la confrontación de las diferencias, se trata de destruir implacablemente hasta la mejor de las propuestas y logros del momento.

Pero hay otros rostros de la realidad. Hechos e imágenes capaces de nutrir la esperanza que muestran aquellos otros posibles. *"Un pueblo que espera con necesidad de justicia; que se organiza en forma espontánea y naturalmente"*. Una comunidad activa que se vuelve solidaria y trabaja mancomunadamente poniendo en obra su creativa diversidad. Manos que se estrechan y reconfortan e invitan a la participación. Práctica espontánea de la amistad social.

El análisis sesgado de los medios masivos de comunicación con una mirada exclusivamente "política" de los contenidos de las homilías, en la mayoría de los casos "binaria", es decir, anclada en una contraposición Iglesia – Gobierno... o a lo sumo, en mucha menor intensidad, Iglesia – dirigencia política/ factores de poder, no contribuyó a profundizar y comunicar la hondura y contenidos de estas reflexiones.

Sin desconocer que pudieran existir en algún párrafo alusiones más o menos directas a coyunturas del momento, esta mirada tan sesgada, devalúa el sentido profundo del análisis y de las reflexiones propuestas. Éstas superan en mucho una crítica a un gobierno en un determinado momento político, social y económico. Así, se pierden aportes muy lúcidos en el análisis de los procesos y realidades históricas de la sociedad en su conjunto, de sus actores y grupos en poder de todos los niveles, tanto individuales como colectivos.

De todas maneras, no faltaron los comentarios más lúcidos que entendieron que el contenido de fondo estaba dirigido a todos los argentinos, incluida obviamente toda la dirigencia.

Es clarísimo y permanente el rescate del "pueblo" como sujeto colectivo donde anidan los valores fundamentales de nuestra sociedad y que permite constatar, con elementos objetivos que así lo demuestran, la enorme capacidad moral para enfrentar las peores crisis.

Así encontramos en varias homilías esta convicción: **"Frente a la encrucijada, la solidaridad y el trabajo, la capacidad de creatividad, individual y colectiva, la organización popular, permitirán, como en otros momentos fundantes, salir del aislamiento y demostrar nuestros valores"**.

Pero no se habla del "pueblo" como una abstracción. En reiteradas ocasiones se hace referencia con descripciones elocuentes por su realismo, al pueblo sencillo, trabajador, que entiende y vive "el servicio" y la "solidaridad" como recurso fundamental ante las crisis y la necesidad de sobrevivir en el día a día.

Esto no impide que se señalen los peligros y aquellos factores y elementos que pueden erosionar la posibilidad de que esos valores se expresen en plenitud. No se idealiza demagógicamente, sino que se valora lo enormemente positivo de su existencia concreta, al tiempo que se alerta de que es posible que ese capital se dilapide.

Se interpela fuertemente el ejercicio del poder, ya sea de los funcionarios que ejercen algún mandato político, de cualquier índole, ya sea de quienes, por tener en sus manos recursos económicos o capacidad de influencia son, en la práctica, factores reales de poder. Este cuestionamiento se realiza toda vez que se ignora la misión del servicio que da sentido a ese poder.

Las homilías carecen de oportunismo político, son siempre reflexiones sobre cuestiones centrales que hacen a la vida de la comunidad y sus problemáticas estructurales, tanto socioeconómicas como políticas en sentido general, culturales y religiosas. El mediano y largo plazo son siempre horizontes de la predicación.

Como toda homilía, la fuente de inspiración es siempre el texto evangélico, por eso estos textos son citados literalmente y a partir de allí se estructura toda la reflexión, como expresión de la *dimensión social de la fe.*

El cardenal Bergoglio penetra e ilumina en el transcurso de estas páginas la realidad, los acontecimientos, la historia desde una experiencia teologal fundada en el encuentro con el Dios hecho hombre, Jesucristo, Señor de la Historia. Una mirada de fe, esperanza y caridad amasada en la vida y la historia del Pueblo de Dios, donde se realiza el seguimiento de Jesús y manifiesta nuestro compromiso con él y los hombres.

Para facilitar la lectura, la comprensión y la riqueza de su contenido, cada una de las homilías ha sido subtitulada en su desarrollo, y acompañada con una breve referencia del contexto histórico en el que acontece, y de claves para favorecer su lectura y reflexión.

Estos textos pueden leerse de manera complementaria a otros materiales del Cardenal que fueron publicados en el tiempo que transcurren estas intervenciones, como *"La Nación por construir", "Ponerse la Patria al Hombro", "La Deuda Social según la Doctrina Social de la Iglesia", "Nosotros como ciudadanos, Nosotros como Pueblo",* en los que se encuentran las mismas temáticas, abordadas desde distintos planos.

Los invitamos a avanzar en estas páginas como quien se acerca a un puñado de observaciones, señalamientos y aproximaciones de una realidad compleja y dinámica. Un análisis más profundo, integral y crítico excede la intención de estas notas y sería propio de otras disciplinas.

Las palabras pronunciadas año a año comparten una matriz de pensamiento y sentimiento. Las más actuales echan nueva luz sobre los del pasado y nos abren a nuevas lecturas e interpretaciones. Nos colocan en un nuevo horizonte hermenéutico donde continuar rumiando sentidos.

El objetivo es modesto y estará cumplido en la medida que sea un aporte a la reflexión sobre nuestro sentido de pertenencia y nuestra identidad como pueblo, como Nación.

TE DEUM

25 DE MAYO DE 1999
LOS DISCÍPULOS CAMINO A EMAÚS

REFERENCIA DE CONTEXTO

Transcurre el último año del segundo período presidencial del Dr. Carlos Menem que gobierna hasta el 10 de diciembre de 1999. Siendo Jefe de Gobierno de la Ciudad Autónoma de Buenos Aires el Dr. Fernando De la Rúa.

CLAVES PARA LA LECTURA Y LA REFLEXIÓN

En la primera parte se desarrollan varias reflexiones dirigidas a recuperar la esperanza y la "urdimbre de nuestra sociedad" a partir de la pedagogía del encuentro, la cercanía y el acompañamiento, que la cita evangélica sugiere. En este esfuerzo se reconoce la capacidad de superar los desencuentros y adversidades, y reconocernos en los distintos rostros.

Reconoce que los argentinos marchamos por nuestra historia acompañados por dones y riquezas tanto personales como materiales, pero señalando que, *"tanto talento no siempre se ha visto acompañado por proyectos con continuidad en el tiempo ni logró convocar siempre la conciencia colectiva".*

En un segundo tópico se reconoce que el proceso de globalización económica conduce a una pérdida de autoestima y del sentido de humanidad. En este punto se cita a Juan Pablo II, en su exhortación apostólica *Ecclesia in America*, donde se profundiza en los aspectos negativos de la globalización, sobre todo en el papel del mercado como organizador social. Frente a esta realidad habla de la incapacidad de encarar los problemas reales y califica de tibias las propuestas, más discursivas que reales. Aparece la desconfianza y la pérdida de interés por lo común.

Y alerta sobre la posibilidad de un desmembramiento: *"No nos podemos permitir ser ingenuos: la sombra de una nube de desmembramiento social se asoma en el horizonte mientras diversos intereses juegan su partida, ajenos a las necesidades de todos".*

Se pasa a un tercer aspecto donde se reconoce que, *como en la pasión de Cristo, nuestra historia está llena de encrucijadas, de tensiones y conflictos*. Frente a esto, la solidaridad y el trabajo, la capacidad de creatividad, individual y colectiva, la organización popular, permitirán, como en otros momentos fundantes, salir del aislamiento y demostrar nuestros valores. Exhorta a apelar a la memoria histórica como fuente de sabiduría y discernimiento de la historia, más allá de los ideologismos o de criticismos destructivos. Memoria histórica que nos pide profundizar nuestros logros más profundos y dejar la nostalgia y el pesimismo y, como los discípulos de Emaús, *dar lugar a nuestra sed de encuentro* para que ello nos oriente a que predomine el interés común.

La homilía establece fuertemente la necesidad de *"refundar el vínculo social y político entre los argentinos"*. Y para ello toma como punto de partida alentador la aparición de "esfuerzos y emprendimientos comunitarios, el crecimiento de las iniciativas vecinales, el auge de tantos movimientos de ayuda mutua... en un torbellino de participación sin particularismos, pocas veces visto en nuestro país". Advierte que este fenómeno debe ser visto como un signo de Dios.

Este fenómeno al que se hace referencia merece en la homilía palabras muy elocuentes de reconocimiento y valoración como una verdadera muestra de grandeza.

Avanza luego con una explícita referencia a una demanda de la comunidad nacional de un *"lugar de consulta, control y creativa participación"*. Esta frase parece sugerir una propuesta de innovación con respecto a los mecanismos de participación de la ciudadanía que se ve subrayada con la afirmación de que de esta manera se rescatará ..."una *memoria vivificante de nuestra mejor historia de sacrificio solidario, de lucha libertaria y de integración social"*.

Este llamado a vivir de otra manera y refundar el vínculo social y político, donde todos se sientan convocados y todos estén sentados a la mesa es mucho más que un encuentro de conciliación por sobre los opuestos. En esta apelación a nuestra solidaridad y reservas culturales, les cabe un deber especial a quienes *"tenemos una alta cuota de poder político, económico o cualquier tipo de influencia"*.

La frase final es casi un apotegma: *"El todo es superior a la parte, el tiempo superior al espacio, la realidad es superior a la idea y la unidad es superior al conflicto"*.

Homilía

Evangelio según san Lucas 24, 13-35

Ese mismo día, dos de los discípulos iban a un pequeño pueblo llamado Emaús, situado a unos diez kilómetros de Jerusalén. En el camino hablaban sobre lo que había ocurrido. Mientras conversaban y discutían, el mismo Jesús se acercó y siguió caminando con ellos. Pero algo impedía que sus ojos lo reconocieran.

Él les dijo: «¿Qué comentaban por el camino?». Ellos se detuvieron, con el semblante triste, y uno de ellos, llamado Cleofás, le respondió: «¡Tú eres el único forastero en Jerusalén que ignora lo que pasó en estos días!». «¿Qué cosa?», les preguntó. Ellos respondieron: «Lo referente a Jesús, el Nazareno, que fue un profeta poderoso en obras y en palabras delante de Dios y de todo el pueblo, y cómo nuestros sumos sacerdotes y nuestros jefes lo entregaron para ser condenado a muerte y lo crucificaron. Nosotros esperábamos que fuera él quien librara a Israel. Pero a todo esto ya van tres días que sucedieron estas cosas. Es verdad que algunas mujeres que están con nosotros nos han desconcertado: ellas fueron de madrugada al sepulcro y al no hallar el cuerpo de Jesús, volvieron diciendo que se les habían aparecido unos ángeles, asegurándoles que él está vivo. Algunos de los nuestros fueron al sepulcro y encontraron todo como las mujeres habían dicho. Pero a él no lo vieron».

Jesús les dijo: «¡Hombres duros de entendimiento, cómo les cuesta creer todo lo que anunciaron los profetas! ¿No era necesario que el Mesías soportara esos sufrimientos para entrar en su gloria?» Y comenzando por Moisés y continuando con todos los profetas, les interpretó en todas las Escrituras lo que se refería a él. Cuando llegaron cerca del pueblo a donde iban, Jesús hizo ademán de seguir adelante. Pero ellos le insistieron: «Quédate con nosotros, porque ya es tarde y el día se acaba». El entró y se quedó con ellos. Y estando a la mesa, tomó el pan y pronunció la bendición; luego lo partió y se lo dio. Entonces los ojos de los discípulos se abrieron y lo reconocieron, pero él había desaparecido de su vista. Y se decían: «¿No ardía acaso nuestro corazón, mientras nos hablaba en el camino y nos explicaba las Escrituras?».

En ese mismo momento, se pusieron en camino y regresaron a Jerusalén. Allí encontraron reunidos a los Once y a los demás que estaban con ellos, y éstos les dijeron: «Es verdad, ¡el Señor ha resucitado y se apareció a Simón!». Ellos, por su parte, contaron lo que les había pasado en el camino y cómo lo habían reconocido al partir el pan.

¡Argentina, levántate!

Una nueva celebración del incipiente comienzo de la conciencia patriótica, aquel Mayo de los argentinos, nos congrega para dar gracias por los dones de Dios Padre, dones por los que nuestros padres supieron - dura y trabajosamente - vivir, luchar y morir. Dar gracias lejos de la nostalgia estéril o del recuerdo formal desaprensivo, y dejar que este mismo Dios Padre nos sacuda en este fin del milenio y nos invite a buscar un nuevo horizonte. Dar gracias porque todavía resuena en esta Catedral (también 'solar de mayo') aquella invitación del Santo Padre en su visita a nuestra Patria: «¡Argentina, Levántate!», a la que todo habitante de este suelo está invitado, más allá de su origen, y con la sola condición de tener buena voluntad para buscar el bien de este pueblo. Aquel ¡Argentina, Levántate!», invitación que hoy queremos volver a escuchar, constituía un diagnóstico y una esperanza. Levantarse es signo de resurrección, es llamado a revitalizar la urdimbre de nuestra sociedad. La Iglesia en la Argentina sabe que éste es un pedido de nueva evangelización de su propia vida interna pero - que a la vez - se extiende a toda la sociedad.

Una pedagogía de la cercanía y del acompañamiento

En el pasaje del Evangelio que acabamos de oír hay una pedagogía del Señor que nos puede dar luz para que seamos fieles a nuestra misión de padres, gobernantes, pastores...

para que seamos fieles a nuestro 'ser pueblo'. *Una pedagogía de la cercanía y del acompañamiento.* El relato se refiere a los dos discípulos de Emaús y nos muestra su caminar que, más que andar, era huida. Efectivamente escapan de la alegría de la Resurrección, mascullan sus amarguras y desilusiones, y no pueden ver la nueva Vida que el Señor ha venido a ofrecerles. Acudiendo a la frase papal mencionada podríamos decir que no se habían levantado de su adormecimiento interior y - por tanto - estaban incapacitados de ver ese Don de Vida que marchaba a su lado y que esperaba ser hallado.

Los argentinos marchamos por nuestra historia acompañados por el don creado de las riquezas de nuestras tierras y por el Espíritu de Cristo reflejado en la mística y el esfuerzo de tantos que vivieron y trabajaron en este Hogar, en el testimonio silente de los que dan de su talento, su ética, su creatividad, su vida. ¡Este pueblo comprende hondamente lo que significa el amor a su tierra y la memoria de sus convicciones más profundas! En su religiosidad más íntima, en la siempre espontánea solidaridad, en sus luchas e iniciativas sociales, en su creatividad y capacidad de goce festivo y artístico, se refleja el Don de Vida del Resucitado. Porque somos un pueblo capaz de sentir nuestra identidad más allá de las circunstancias y adversidades, somos un pueblo capaz de reconocernos en nuestros diversos rostros. Tanto talento no siempre se ha visto acompañado por proyectos con continuidad en el tiempo, ni logró convocar siempre la conciencia colectiva. Y, por ello, como los discípulos huidizos, podemos encontrarnos acaparados por cierta amargura en nuestra marcha, fatigados por problemas que no dejan vislumbrar la urgencia de un futuro que nunca parece llegar.

Globalización y antinomias

La fatiga y la desilusión no permiten ver el peligro principal. El actual proceso de globalización parece desnudar agresivamente nuestras antinomias: un avance del poder económico y el lenguaje que lo asiste, que - en un interés y uso desmedido - ha acaparado grandes ámbitos de la vida nacional; mientras - como contrapartida - la mayoría de nuestros hombres y mujeres ve el peligro de perder en la práctica su autoestima, su sentido más profundo, su humanidad y sus posibilidades de acceder a una vida más digna. Juan Pablo II, en su Exhortación Apostólica 'Ecclesia in America' se refiere al aspecto negativo de esta globalización diciendo : "...si la globalización se rige por las meras leyes del mercado aplicadas según las conveniencias de los poderosos, lleva consecuencias negativas: ...la atribución de un valor absoluto a la economía, el desempleo, la disminución y el deterioro de ciertos servicios públicos, la destrucción del ambiente y de la naturaleza, el aumento de la diferencia entre ricos y pobres y la competencia injusta que coloca a las naciones pobres en una situación de inferioridad cada vez más acentuada..." (n° 20). Junto a estos problemas planteados ya en el plano internacional nos encontramos también con una cierta incapacidad de encarar problemas reales. Entonces, a la fatiga y la desilusión parecería que sólo se pueden contraponer tibias propuestas reivindicativas o eticismos que únicamente enuncian principios y acentúan la primacía de lo formal sobre lo real. O, peor aún, una creciente desconfianza y pérdida de interés por todo compromiso con lo propio común que termina en el 'sólo querer vivir el momento' en la perentoriedad del consumismo. No nos podemos permitir ser ingenuos: la sombra de una nube de desmembramiento social se asoma en el horizonte mientras diversos intereses juegan su partida, ajenos a las necesidades de todos. El vacío y la anomia pueden despuntar como oscuras consecuencias de un abandono de nosotros mismos y atentan contra nuestra continuidad. ¿Quedaremos los argentinos, como los discípulos de Emaús, presos del amargo asombro, de la murmuración quejumbrosa? ¿O seremos capaces de dejarnos sacudir por el llamado del Resucitado a los discípulos desolados, y reaccionar, hacer memoria de la palabra profética, memoria de aquellos momentos salvíficos, constructivos de nuestra historia?

Rememorar lo que nos une y construye

Como en la Pasión de Cristo, nuestra historia está llena de encrucijadas, de tensiones y conflictos. Sin embargo, este pueblo de fe supo cargar al hombro su destino cada vez que en la solidaridad y el trabajo forjó una amistad política de convivencia racial y social que marca nuestro estilo de vida. Los argentinos supimos 'ser parte', sentirnos 'parte de', supimos acercarnos y acompañarnos. Desde su capacidad de creatividad individual y colectiva y desde su ímpetu de espontánea organización popular, nuestro pueblo ha conocido momentos fundantes de cambios civiles, políticos y sociales; logros culturales y científicos que nos sacaron del aislamiento y demostraron nuestros valores. Momentos que, en definitiva, nos dieron un sentido de identidad más allá de nuestra compleja composición étnica e histórica. Momentos en los que privó una conciencia de trabajo fraterno, a veces poco elaborado, pero siempre sentido y vivido hasta el heroísmo. Por eso el llamado es a dejar el estéril historicismo manipulado por intereses o ideologismos o por meros criticismos destructivos. La historia apuesta a la verdad superior, a rememorar lo que nos une y construye, a los logros más que a los fracasos. Y mirando al dolor y al fracaso, que nuestra memoria sea para apostar a la paz y al derecho... y si miramos a los odios y violencias fratricidas, que nuestra memoria nos oriente a que predomine el interés común. Los últimos años, tardía y cruelmente, nos han sacudido y la silenciosa voz de tantos muertos clama desde el cielo pidiendo no repetir los errores. Sólo eso dará sentido a sus trágicos destinos. Como a los discípulos caminantes y temerosos hoy se nos pide caer en la cuenta de que tanta cruz cargada no puede ser en vano.

El llamado a la memoria histórica también nos pide profundizar nuestros logros más profundos, aquellos que no aparecen en la mirada rápida y superficial. No otro fue el esfuerzo de estos últimos tiempos por afirmar el sistema democrático superando las divisiones políticas, que parecían un hiato social casi insalvable: hoy se busca respetar las reglas y se acepta el diálogo como vía de convivencia cívica. Dejar la nostalgia y el pesimismo y, como los discípulos de Emaús, dar lugar a nuestra sed de encuentro: "Quédate con nosotros porque ya es tarde y el día se acaba". El Evangelio nos marca el rumbo: sentarnos a la mesa y dejarnos convocar por el gesto profundo de Cristo. El pan bendecido se debe compartir. El mismo que es fruto del sacrificio y del trabajo, que es imagen de la vida eterna, pero que debe realizarse ya.

Animarse a vivir de otra manera

En efecto, hermanos, no es una mera invitación a compartir, no es sólo reconciliar opuestos y adversidades: sentarse a partir el pan del Resucitado es animarse a vivir de otra manera. Nos desafía ese pan hecho con lo mejor que podemos aportar, con la levadura que ya fue puesta en tantos momentos de dolor, de trabajo y de logros. El llamado evangélico de hoy nos pide refundar el vínculo social y político entre los argentinos. La sociedad política solamente perdura si se plantea como una vocación a satisfacer las necesidades humanas en común. Es el lugar del ciudadano. Ser ciudadano es sentirse citado, convocado a un bien, a una finalidad con sentido... y acudir a la cita. Si apostamos a una Argentina donde no estén todos sentados a la mesa, donde solamente unos pocos se benefician y el tejido social se destruye, donde las brechas se agrandan siendo que el sacrificio es de todos, entonces terminaremos siendo una sociedad camino al enfrentamiento.

Desde lo profundo de nuestra conciencia de pueblo solidario, este llamado a compartir el pan tiene su honda efervescencia. En la retaguardia de la superficialidad y del coyunturalismo inmediatista (flores que no dan fruto) existe un pueblo con memoria colectiva que no renuncia a caminar con la nobleza que lo caracteriza: los esfuerzos y emprendimientos comunitarios, el crecimiento de las iniciativas vecinales, el auge de tantos movimientos de ayuda mutua, están marcando la presencia de un signo de Dios en un torbellino de participación sin particularismos pocas veces visto en nuestro país. En la retaguardia hay un pueblo solidario, un pueblo dispuesto a levantarse una y otra vez. Un pueblo que no sólo acude a la necesidad de supervivencia, no sólo ignora las burocracias ineficientes, sino que quiere refundar el vínculo social; un pueblo que está llevando, casi sin saberlo, la virtud de ser socios en la búsqueda del bien común. Un pueblo que quiere conjurar la pobreza del vacío y la desesperanza. Un pueblo con memoria, memoria que no puede reducirse a un mero registro. Aquí está la grandeza de nuestro pueblo. Advierto en nuestro pueblo argentino una fuerte conciencia de su dignidad. Es una conciencia que se ha ido moldeando en hitos significativos. Nuestro pueblo tiene alma, y porque podemos hablar del alma de un pueblo, podemos hablar de una hermenéutica, de una manera de ver la realidad, de una conciencia. Hoy, en medio de los conflictos, este pueblo nos enseña que no hay que hacerle caso a aquellos que pretenden destilar la realidad en ideas, que no nos sirven los intelectuales sin talento, ni los eticistas sin bondad, sino que hay que apelar a lo hondo de nuestra dignidad como pueblo, apelar a nuestra sabiduría, apelar a nuestras reservas culturales. Es una verdadera revolución, no contra un sistema, sino interior; una revolución de memoria y ternura: memoria de las grandes gestas fundantes, heroicas... y memoria de los gestos sencillos que hemos mamado en familia. Ser fieles a nuestra misión es cuidar este 'rescoldo' del corazón, cuidarlo de las cenizas tramposas del olvido o de la presunción de creer que nuestra Patria y nuestra familia no tienen historia o la han comenzado con nosotros. Rescoldo de memoria que condensa, como la brasa al fuego, los valores que nos hacen grandes: el modo de celebrar y defender la vida, de aceptar la muerte, de cuidar la fragilidad de nuestros hermanos más pobres, de abrir las manos solidariamente ante el dolor y la pobreza, de hacer fiesta y de rezar; la ilusión de trabajar juntos y - de nuestras comunes pobrezas - amasar solidaridad.

La Patria, gran mesa de comunión

Para que esta fuerza que todos llevamos dentro y que es vínculo y vida se manifieste, es necesario que todos, y especialmente quienes tenemos una alta cuota de poder político, económico o cualquier tipo de influencia, renunciemos a aquellos intereses o abusos de los mismos que pretendan ir más allá del común bien que nos reúne; es necesario que asumamos, con talante austero y con grandeza, la misión que se nos impone.

Nuestro pueblo, que sabe organizarse espontánea y naturalmente en la comunidad nacional protagonista de este nuevo vínculo social, pide un lugar de consulta, control y creativa participación en todos los ámbitos de la vida social que le incumben. Los dirigentes debemos acompañar esta vitalidad del nuevo vínculo. Potenciarlo y protegerlo puede llegar a ser nuestra principal misión. No resignemos nuestras ideas, utopías, propiedades ni derechos, sino renunciemos solamente a la pretensión de que sean únicos o absolutos. Todos estamos convidados a este encuentro, a realizar y compartir este fermento nuevo que - a la vez - es memoria revivificante de nuestra mejor historia de sacrificio solidario, de lucha libertaria y de integración social.

Aquel Mayo histórico, lleno de vaivenes e intereses en juego, supo congregar a todo el pueblo virreinal a una decisión común, iniciadora de otra historia. Quizás necesitemos sentir que la Patria de todos es un nuevo Cabildo, una gran mesa de comunión donde, no ya la nostalgia desolada, sino el reconocimiento esperanzador, nos impulse a proclamar como los discípulos de Emaús: "¿Acaso no ardía nuestro corazón mientras nos hablaba en el camino y nos explicaba las Escrituras?" Que arda nuestro corazón en deseos de vivir y crecer en este hogar propio sea la petición que acompañe esta acción de gracias al Padre y el compromiso de cumplir con su Palabra; convenciéndonos una vez más que el todo es superior a la parte, el tiempo superior al espacio, la realidad es superior a la idea y la unidad es superior al conflicto.

TE DEUM
25 DE MAYO DE 2000
LA VIUDA DE NAÍM Y LA
RESURRECCIÓN DE SU HIJO

REFERENCIA DE CONTEXTO

El Presidente de la Nación es el Dr. Fernando De la Rúa, quien asume en el cargo el 10 de diciembre de 1999. En la Ciudad de Buenos Aires el Vice Jefe de Gobierno, Dr. Enrique Olivera, asume como Jefe de Gobierno tras la renuncia de Fernando De la Rúa para ocupar la presidencia.

CLAVES PARA LA LECTURA Y LA REFLEXIÓN

Claramente enmarcada en el contexto del Gran Jubileo, proclamado por el papa Juan Pablo II para el año 2000, la homilía se construye sobre un episodio evangélico de "Resurrección y Esperanza". Se trata del pasaje comúnmente conocido como "La Viuda de Naim", donde ante el fallecimiento del hijo único de una mujer, que además era viuda, Jesús se conmueve, y sin mediar pedido de la madre, lo resucita.

En este caso, al recordar la gesta de mayo, se invita a renovar la "esperanza de revivir aquellos aires heroicos que más allá de errores e intereses contradictorios, supieron conjugarse para comenzar la aventura de una nueva Nación".

Con una explícita mención a la homilía del *Te Deum* de 1999, con la que guarda muchos aspectos en común, donde se señalaba la necesidad de *"refundar el vínculo social entre los argentinos, un vínculo esperanzador"* se mencionan los sectores sociales más afectados y vulnerables ante la crisis.

Se reivindican y se rescatan las organizaciones comunitarias que *"estrechan las manos y hacen participar"*... Esta *"resurrección"* se apoyará en una *"comunidad activa que se vuelve solidaria y trabaja mancomunada"*.

Tiene frases contundentes: *"Cedamos el protagonismo a la comunidad, apoyando y sosteniendo a quienes se organizan en pos de sus fines"*. Manifiesta la debilidad del sistema de las listas sábanas de representantes desconocidos y que impide que la *"cosa pública"* vuelva a sus verdaderos protagonistas.

"Estas iniciativas comunitarias (...) brindan una inmejorable salida frente al suicidio social que provoca toda filosofía y técnica que expulsa la mano de obra..."

Esta homilía, la más breve de todas, es la que tiene definiciones categóricas respecto de la necesidad de recuperar el protagonismo popular a partir de las organizaciones sociales.

Da especial importancia a la refundación del vínculo social, como la condición necesaria para que la política pueda recuperar sentido y constituir una salida a la profunda crisis. Y eso sólo es posible volviendo a las fuentes de la representación política que son las organizaciones sociales o el real protagonismo de los ciudadanos a la hora de definir las políticas. En este punto retoma una idea o propuesta hecha con mucha fuerza en la homilía del año anterior.

Además, en consonancia con la homilía del año anterior, se cuestiona claramente la capacidad del mercado de poder articular y responder a la demanda social.

Homilía

Evangelio según san Lucas 7, 11-17

Enseguida, Jesús se dirigió a una ciudad llamada Naím, acompañado de sus discípulos y de una gran multitud. Justamente cuando se acercaba a la puerta de la ciudad, llevaban a enterrar al hijo único de una mujer viuda, y mucha gente del lugar la acompañaba. Al verla, el Señor se conmovió y le dijo: No llores. Después se acercó y tocó el féretro. Los que lo llevaban se detuvieron y Jesús dijo: Joven yo te lo ordeno, levántate. El muerto se incorporó y empezó a hablar. Y Jesús se lo entregó a su madre. Todos quedaron sobrecogidos de temor y alababan a Dios, diciendo: Un gran profeta ha aparecido en medio de nosotros y Dios ha visitado a su Pueblo. El rumor de lo que Jesús acababa de hacer se difundió por toda la Judea y en toda la región vecina.

Celebración de la esperanza

Desde el llamado del Santo Padre a la celebración del Gran Jubileo, este año, para todo cristiano, ha quedado preñado de esperanza. En el 2000 no vivimos un convencional aniversario sino que celebramos la permanencia del mismo Cristo entre nosotros. Hacemos memoria de su gracia transformadora de la humanidad y también hacemos memoria de la resistencia de nuestra naturaleza. La primera, para agradecer y alabar; la segunda, para reconocer y pedir perdón. A todo esto lo llamamos conversión.

Como dice el Evangelio, *un gran profeta ha aparecido en medio de nosotros y Dios ha visitado a su pueblo* (Lc 7, 16 b). Hay júbilo porque Dios está con nosotros y entre nosotros y, a pesar de la resistencia al amor que es el pecado, él nos ofrece el gozo de sentirnos redimidos, de sentirnos llamados a amar de nuevo, como él nos enseñó. Se nos invita a comenzar un tiempo nuevo: es el recomenzar de Cristo quien, a pesar de "conocer lo que hay en el interior del hombre", sigue confiando en el don de la libertad, en la chispa de amor que el Espíritu infunde en nuestros corazones.

Estoy seguro de que el anhelo de todos los argentinos es poder llegar a este nuevo aniversario de Mayo con la misma esperanza jubilar que hoy alienta a millones en el mundo. Júbilo de Cristo encarnado en la fe y en el dolor de nuestro pueblo, esperanza de revivir aquellos aires heroicos que, más allá de los errores e intereses contradictorios, supieron conjugarse para comenzar la aventura de una nueva Nación. La esperanza ahonda el alma y la pacifica, pues, al abrir –magnánimos- el corazón, confiados en la promesa hecha, en la palabra dada, los hombres se liberan de las suspicacias y pesimismos de su razón inmediata e incluso del peso de ciertas evidencias. El que vive de lo que espera muestra la dignidad de ser imagen y semejanza del Padre. Su alegría se hace gratuita, no depende del éxito ni de los resultados más inmediatos.

Cimentada así la profunda alegría que perdura como paz, el júbilo es el que –en definitiva- construye los vínculos más allá de las diferencias y los condicionamientos. Los argentinos queremos renacer en la promesa de los mayores que comenzaron la patria, y para esto necesitamos imperiosamente de la esperanza que haga brotar la alegría, pues de ella surgirán los vínculos que derribarán miedos e inseguridades, distancias que hoy parecen insalvables. Esperanza para la alegría, alegría para el vínculo.

Refundar nuestros vínculos sociales

Para esta misma fecha, hace un año, destaqué la necesidad de refundar el vínculo social entre los argentinos, un vínculo esperanzador: Un vínculo que acerque la dolorosa brecha entre los que tienen más y los que tienen menos. Que acerque a los jóvenes que no encuentran su propio proyecto social. Un vínculo que nos reavive el amor a una niñez con frecuencia despreciada y empobrecida. Que nos alarme frente a cada persona que pierde su trabajo. Que nos haga solidarios e integradores para con los inmigrantes desposeídos y de buena voluntad, que llegan y deben seguir llegando. Un vínculo que nos haga especialmente cuidadosos de los ancianos que han desgastado su vida por nosotros y hoy merecen celebrar y recuperar sus puestos de sabios y maestros transmitiéndonos esperanza.

¡Refundar con esperanza nuestros vínculos sociales!: esto no es un frío postulado eticista y racionalista. No se trata de una nueva utopía irrealizable ni mucho menos de un pragmatismo desafectado y expoliador. Es la necesidad imperiosa de convivir para construir juntos el bien común posible, el de una comunidad que resigna intereses particulares para poder compartir con justicia sus bienes, sus intereses, su vida social en paz. Tampoco se trata solamente de una gestión administrativa o técnica, de un plan, sino que es la convicción constante que se expresa en gestos, en el acercamiento personal, en un sello distintivo, donde se exprese esta voluntad de cambiar nuestra manera de vincularnos amasando, en esperanza, una nueva cultura del encuentro, de la projimidad; donde el privilegio no sea ya un poder inexpugnable e irreductible, donde la explotación y el abuso no sean más una manera habitual de sobrevivir. En esta línea de fomentar un acercamiento, una cultura de esperanza que cree nuevos vínculos, los invito a ganar voluntades, a serenar y convencer.

Ya vimos en el Evangelio a nuestro Señor Jesucristo iniciando el vínculo esperanzado de un nuevo pueblo. La imagen de Jesús resucitando al hijo de la viuda es una imagen fuerte -con la fuerza del drama, no de la tragedia- y hay en ella muerte y vida resucitada. No se disfraza el dolor ni se atenúa la esperanza. La clave está en ese Jesús que se conmueve, que se acerca, que toca el dolor y la muerte y los convierte en vida nueva. No dejó que aquel luto del joven muerto aplastara la esperanza: «No llores», le dijo a la madre y tocó el dolor. A veces me pregunto si no marchamos, en ciertas circunstancias de la vida de nuestra sociedad, como en un triste cortejo, y si no insistimos en ponerle una lápida a nuestra búsqueda como si camináramos a un destino inexorable, enhebrado de imposibles; y nos conformamos con pequeñas ilusiones desprovistas de esperanza.

¡Levántate, Argentina!

Debemos reconocer, con humildad, que el sistema ha caído en un amplio cono de sombra: la sombra de la desconfianza, y que algunas promesas y enunciados suenan a cortejo fúnebre: todos consuelan a los deudos pero nadie levanta al muerto. ¡Levántate! es el llamado de Cristo en su Jubileo. ¡Levántate, Argentina! como nos dijo en su última visita el Santo Padre, como lo soñaron y realizaron nuestros próceres fundadores. Pero hasta no reconocer nuestras dobles intenciones no habrá confianza ni paz. Hasta que no se efectivice nuestra conversión no tendremos alegría y gozo. Porque la ambición desmedida, ya sea de poder, de dinero o de popularidad, sólo expresa un gran vacío interior. Quienes están vacíos no trasmiten paz, gozo y esperanza sino sospecha. No crean vínculos.

¡Toca, Señor, a nuestra Argentina aún joven, no replegada sobre sí sino abierta a sus vecinos. Muéstranos tu gesto de amor que nos haga perder el miedo! Y, nosotros, animémonos a tocar: a tocar al marginado del sistema, viendo en él a hombres y mujeres que son mucho más que votantes potenciales. En el marco de las Instituciones republicanas demos poder y apoyo a aquellas organizaciones comunitarias que estrechan las manos y hacen participar, que privilegian la intimidad, la fraternidad, la lealtad a los principios y objetivos como una nueva «productividad». Así los jóvenes recuperarán horizontes concretos, descubrirán los futuros posibles dejando de lado enunciados vacíos, que ahondan las propias vaciedades.

Para esto hay que tocar al doliente, al que todos creen muerto. Hay que darle valor: «Joven, te lo mando, levántate». Para esto, como Cristo, hay que atreverse a renunciar al poder que acapara y enceguece, y aceptar ejercer la autoridad que sirve y acompaña. Unos pocos tienen el poder de las finanzas y la técnica; otros ejercen el poder del Estado, pero sólo una comunidad activa, que se vuelve solidaria y trabaja mancomunada puede, en su creativa diversidad, impulsar la barca del bien común, ser la custodia de la ley y la convivencia.

Como Cristo, cedamos el protagonismo a la comunidad

Como Cristo Redentor, que no tomó la gloria del joven revivido para sí, sino que lo devolvió a su ámbito, a su madre, así quienes detentamos alguna autoridad sirvamos a la comunidad. Cedamos el protagonismo a la comunidad, apoyando y sosteniendo a quienes se organizan en pos de sus fines. Así se quebrarán las barreras de la incomunicación que, paradójicamente, existe en este mundo supercomunicado. Así se acerca la cosa pública a sus verdaderos protagonistas, que ya no quieren hipotecar su suerte a sábanas de representantes desconocidos.

Creemos que estas iniciativas comunitarias son los signos esperanzadores de una alegría participativa. Aquí se gesta una verdadera revolución interior y -a la vez- transformación social que escapa a las "macromanipulaciones" de los sistemas y estructuras extraños al ser genuino del pueblo. Estas iniciativas brindan una inmejorable salida frente al suicidio social que provoca toda filosofía y técnica que expulsa la mano de obra, que margina la ternura del afecto familiar, que negocia los valores propios de la dignidad del hombre. Sólo hace falta la audaz y esperanzadora iniciativa de ceder terreno, de renunciar al protagonismo fútil; la iniciativa de dejar las luchas intestinas desgastantes, el plus de insaciabilidad de poder.

Podemos, sí podemos, no tenemos que dudar, podemos devolver una joven Argentina a nuestros mayores, a nuestros ancianos: esos hombres y mujeres que hoy, con tanta frecuencia, llegan al ocaso de su vida y no pueden tener "júbilo" porque han sido defraudados y se encuentran al borde del escepticismo. Con ellos tenemos una deuda, no sólo de justicia sino también de supervivencia para nuestros jóvenes, pues ellos son rescoldo de memoria. Ojalá nos animemos a devolverles una esperanzada Argentina, como el joven devuelto a su madre, para que ellos animen con su sonrisa de esperanza la vida de los jóvenes hoy entristecidos. Y entonces veremos que el que creíamos muerto se levantará, como leímos en el Evangelio, y comenzará a hablar. Entonces comprenderemos que "la esperanza no defrauda" (Rom 5, 5).

TE DEUM
25 DE MAYO DE 2001
"NO VINE A SER SERVIDO, SINO A SERVIR"

REFERENCIA DE CONTEXTO

El Dr. Fernando De la Rúa está a cargo de la presidencia de la Nación. En la Ciudad de Buenos Aires el Jefe de Gobierno es el Dr. Aníbal Ibarra, quien asumió el cargo en agosto del año anterior.

CLAVES PARA LA LECTURA Y LA REFLEXIÓN

Esta homilía, que expresa, sin duda, la gravedad y la hondura de la crisis social que se vivía, tiene definiciones cuya profundidad y riqueza superan largamente la coyuntura en que fue pronunciada.

La predicación se caracteriza por una particular dureza e interpelación a la dirigencia en general y a quienes hacen del poder algo cerrado en sí mismo con pingües beneficios o privilegios para quienes lo alcanzan, ajenos a los reclamos y necesidades de "los otros".

El argumento toma como punto de partida el intento de la madre de los apóstoles Juan y Santiago de asegurar una cuota de poder importante para sus hijos en el futuro Reino del que hablaba Jesús. Esto desató la "interna" lógica con los demás apóstoles, una típica lucha por el poder que el Evangelio relata desnudando una clara apetencia del ser humano para ocupar lugares de privilegio por sobre el resto.

La respuesta de Jesús es tajante en su segunda parte que contradice profundamente la noción de "poder" vigente -tanto ayer como hoy- en la sociedad, en cualquiera de sus estamentos o niveles.

Ésta da por tierra con cualquier pensamiento que identifique poder con privilegio o con una realidad donde quien alcance y llegue al poder está "por sobre los otros".

Llega a afirmar, para acentuar el contraste *"El que quiera ser el primero que se haga su esclavo..."*· Con todo el peso y el significado que implicaba en esa época (como hoy) la palabra "esclavo".

El primer comentario de la homilía apunta a aclarar que el *"cáliz"* que deberá beber quien aspire al *"poder"*, en términos evangélicos, será el del *"servicio"* al extremo de derramar la propia sangre por los que se sirve y se ama.

Profundiza el real y profundo significado del término "servicio", que será el eje de toda la homilía. *"El servicio – nos dice- es la inclinación ante la necesidad del otro a quien descubro, en su necesidad, como un hermano"*.

Pero no entiende el servicio como un mero compromiso ético, ni un voluntariado del ocio sobrante, ni un postulado utópico, sino como el *"valor central"* del que surgen las *"grandes actitudes que mantienen integrada a nuestra sociedad"*.

Nos muestra cómo Jesús no cuestiona el ansia de grandeza de los apóstoles pero señala otro *"camino para encontrarla"*: el *"poder servir por amor"*.

Avanza en el concepto de servicio como *"nuevo vínculo social que supera el minimalismo del convivir para sobrevivir"*, como el mero "consenso de intereses diversos" con fines economicistas. La entrega desinteresada de los unos por los otros marca el nivel más alto de la calidad de una sociedad.

Señala que en nuestra historia, en lo hondo del corazón de nuestro pueblo, la vocación de servicio está marcada a fuego, allí encontramos *"esa reserva espiritual heredada de nuestros abuelos donde brotan nuestra dignidad, nuestra capacidad de trabajo duro y solidario, nuestra serenidad aguantadora y esperanzada"*.

El párrafo siguiente empieza y termina con dos frases enfáticas: *"...dormirse en los contubernios del poder, empeñarse en negar las necesidades, no enfrentar las contradicciones, acentuar los odios internos, no hace sino prolongar una agonía de mediocridades"*. *"Y aunque admitiendo las dificultades que se nos imponen desde fuera, más allá de nuestra voluntad, siempre seremos nosotros los últimos responsables de nuestro propio sometimiento y postergación"*. Sin embargo diariamente millones de personas "beben el cáliz del servicio" que hace posible la vida en común.

Concluye el párrafo: *"Todas estas mujeres y hombres de nuestro pueblo, que rechazan la desesperanza y se rebelan contra aquellas mediocridades, quieren decirle no a la anomia, no al sinsentido y a la superficialidad ¨fraudesca¨ (cuando no farandulera) que alienta el consumismo. Y no, en fin, a quienes necesitan un pueblo pesimista y agobiado de malas noticias para obtener beneficios de su dolor"*.

En los puntos siguientes llama a *"renacer de nuestras propias contradicciones"*, bebiendo el cáliz del servicio, sacando *"nuestras mejores reservas como pueblo"*. Describe detalladamente a tantos hombres y mujeres que en forma individual y comunitaria han probado el cáliz de la entrega y el servicio en la cotidianeidad. *"En ellos se manifiesta la gran reserva cultural y moral de nuestro pueblo"*.

Complementa la importancia del *"trabajo solidario"*, con el concepto de *"serenidad esperanzada"*.

Nos dice: *"El cáliz del trabajo duro y solidario en el servicio es la respuesta más genuina a la incertidumbre de un país lleno de potencialidades que no se realizan o se postergan una y otra vez, indefinidamente deteniendo su derrotero de grandeza"*.

Una invitación a *"dejar todo servilismo para entrar en territorio de la servicialidad, ese espacio que se extiende hasta donde llega nuestra preocupación por el bien común y que es la patria verdadera"*.

Esto se apoya en el rescate de nuestras reservas. Por eso habla de *"rescatar nuestra memoria"*. *Establece prioridades como el derecho a la vida, educación, salud, la irrenunciable responsabilidad de fortalecer a los ancianos*, *"promover la familia (sin la cual no hay humanización ni ley) y a los niños, hoy, alevosamente postergados y despreciados"*.

Finaliza con una apelación enérgica a construir *"la comunión en las diferencias..."* y planteando todo lo dicho como un resumen de la propuesta evangélica congruente con la fecha que se conmemora, que encierra *"la memoria viva de nuestras más hondas reservas morales como Pueblo"*.

Homilía

Evangelio según san Mateo 20, 20-28

Entonces la madre de los hijos de Zebedeo se acercó a Jesús, junto con sus hijos y se postró ante él para pedirle algo. "¿Qué quieres?", le preguntó Jesús. Ella le dijo: "Manda que mis dos hijos se sienten en tu Reino, uno a tu derecha y el otro a tu izquierda". "No saben lo que piden", respondió Jesús. "¿Pueden beber el cáliz que yo beberé?"."Podemos", le respondieron. "Está bien, les dijo Jesús, ustedes beberán mi cáliz. En cuanto a sentarse a mi derecha o a mi izquierda, no me toca a mí concederlo, sino que esos puestos son para quienes se los ha destinado mi Padre".

Al oír esto, los otros diez se indignaron contra los dos hermanos. Pero Jesús los llamó y les dijo: "Ustedes saben que los jefes de las naciones dominan sobre ellas y los poderosos les hacen sentir su autoridad. Entre ustedes no debe suceder así. Al contrario, el que quiera ser grande, que se haga servidor de ustedes; y el que quiera ser el primero que se haga su esclavo: como el Hijo del hombre, que no vino para ser servido, sino para servir y dar su vida en rescate por una multitud".

El nuevo vínculo social del servicio

Queda claro que no es cosa novedosa ni comienza en nuestra época ese primer impulso ante quien tiene poder: el de obtener algún favor. Acabamos de escuchar en el Evangelio cómo la madre de Juan y de Santiago le pidió a Jesús que tuviera en cuenta a sus hijos. Lo que sí resulta novedoso es la respuesta del Señor: "No saben lo que piden. ¿Pueden beber el cáliz que yo beberé?". ¿De qué cáliz se trata? El Señor habla del cáliz del servicio y de dar la vida hasta el punto de derramar la sangre por los que se ama.

Y más novedoso aún resulta el cambio de actitud que logró el Señor en los apóstoles, pues verdaderamente cambiaron, no su ansia de grandeza sino el camino para encontrarla y pasaron de la veleidad de los pequeños acomodos al deseo grande del verdadero poder: el poder servir por amor. En este día de la Patria, quiero detenerme en la enseñanza del Señor: **el que quiera ser grande que se haga servidor de ustedes; y el que quiera ser el primero que se haga su esclavo: como el Hijo del hombre, que no vino para ser servido sino para servir...** (Mt 20, 26-28).

Servicio, palabra venerada y manipulada a la vez; palabra que expresa una de las riquezas más originales del camino andado por la humanidad en Jesucristo, que no vino a ser servido sino a servir, que se abajó para lavarnos los pies... El servicio es la inclinación ante la necesidad del otro, a quien -al inclinarme- descubro, en su necesidad, como mi hermano. Es el rechazo de la indiferencia y del egoísmo utilitario. Es hacer por los otros y para los otros. Servicio, palabra que suscita el anhelo de un nuevo vínculo social dejándonos servir por el Señor, para que luego, a través de nuestras manos, su amor divino descienda y construya una nueva humanidad, un nuevo modo de vida. Servicio, palabra grabada a fuego en lo hondo del corazón de nuestro pueblo. De esa reserva espiritual heredada de nuestros abuelos brotan nuestra dignidad, nuestra capacidad de trabajo duro y solidario, nuestra serenidad aguantadora y esperanzada. Del servicio como valor central, surgen, si uno sabe remover en el rescoldo de nuestro corazón común (porque los pueblos tienen un corazón común) aquellas grandes actitudes que mantienen integrada a nuestra sociedad. Me pregunto si comprendemos hoy, mejor que aquellos incipientes discípulos, que se nos ha dado una maravillosa oportunidad, un don que sólo Dios puede dar: el de darnos y darnos por entero.

El servicio no es un mero compromiso ético, ni un voluntariado del ocio sobrante, ni un postulado utópico... Puesto que nuestra vida es un don, servir es ser fieles a lo que somos: se trata de esa íntima capacidad de dar lo que se es, de amar hasta el extremo de los propios límites... o, como nos enseñaba con su ejemplo la Madre Teresa, servir es "amar hasta que duela". Las palabras del Evangelio no van dirigidas sólo al creyente y al practicante. Alcanzan a toda autoridad tanto eclesial como política, ya que sacan a la luz el verdadero sentido del poder. Se trata de una revolución basada en el nuevo vínculo social del servicio. El poder es servicio. El poder sólo tiene sentido si está al servicio del bien común. Para el gozo egoísta de la vida no es necesario tener mucho poder. A esta luz comprendemos que una sociedad auténticamente humana, y por tanto también política, no lo será desde el minimalismo que afirma "convivir para sobrevivir" ni tampoco desde un mero "consenso de intereses diversos" con fines economicistas. Aunque todo esté contemplado y tenga su lugar en la siempre ambigua realidad de los hombres, la sociedad será auténtica sólo desde lo alto..., desde lo mejor de sí, desde la entrega desinteresada de los unos por los otros. Cuando emprendemos el camino del servicio renace en nosotros la confianza, se enciende el deseo de heroísmo, se descubre la propia grandeza.

El cáliz del trabajo duro y solidario

Teniendo en cuenta esta realidad resulta obvio que dormirse en los contubernios de poder, empeñarse en negar las necesidades, no enfrentar las contradicciones, acentuar los odios internos, no hace sino prolongar una agonía de mediocridades. Y aunque, admitiendo las dificultades que se nos imponen desde fuera más allá de nuestra voluntad, siempre seremos nosotros los últimos responsables de nuestro propio sometimiento y postergación. Mientras algunos pretenden sacar rédito acentuando las divisiones y desviando el foco de atención de los grandes desafíos, una vez más desde las reservas más profundas de nuestro pueblo surge la valoración intuitiva del llamado evangélico que hoy hemos escuchado: ¡beber el cáliz del servicio! Nuestro pueblo lo bebe diariamente en el servicio de millones de personas que silenciosamente ponen el cuerpo al trabajo o a la búsqueda de él y no a la especulación, en el servicio de los que sostienen la convivencia y solidaridad callada y no los absurdos fantasmas de xenofobia propios de minorías ideológicas agitadoras de conflictos, en el servicio de los que -sufriendo la globalización de la pobreza- no han dejado de igualarse en la solidaridad de organizaciones comunitarias y manifestaciones culturales, espontáneas y creativas. Todos estos, mujeres y hombres de nuestro pueblo, que rechazan la desesperanza y se rebelan contra aquellas mediocridades, quieren decirle no a la anomia, no al sinsentido y a la superficialidad fraudesca (cuando no farandulera) que alienta el consumismo. Y no, en fin, a quienes necesitan un pueblo pesimista y agobiado de malas noticias para obtener beneficios de su dolor.

Desde la disposición al servicio, sacudidos por la miseria y desprotección, desgarrados por la violencia y las drogas, bombardeados por la presión del escapismo de todo tipo y forma, queremos renacer de nuestras propias contradicciones. Aceptamos el cáliz doloroso y sacamos nuestras mejores reservas como pueblo con poca prensa y menos propaganda. En cada esfuerzo solidario individual y comunitario de una extensa red de organizaciones sociales, en cada investigador y estudioso que apuesta a la búsqueda de la verdad (aunque otros relativicen o callen), en cada docente y maestro que sobrevive a la adversidad, en cada productor que sigue apostando al trabajo, en cada joven que estudia, trabaja y brinda su compromiso formando una

familia nueva. En los más pobres y en todos los que trabajan o fatigosamente buscan trabajo, que no se dejan arrastrar por la marginación destructiva ni por la tentación de
la violencia organizada sino que, silenciosamente y con la
entrega que sólo concede la fe, siguen amando a su tierra.
Ellos han probado un cáliz que, en la entrega y el servicio,
se ha hecho bálsamo y esperanza. En ellos se manifiesta la
gran reserva cultural y moral de nuestro pueblo. Ellos son
los que escuchan la palabra, los que se ahorran los aplausos
rituales, los que de verdad se hacen eco y comprenden que
no se habla para otros.

En este día patrio quisiera que nos planteáramos la
pregunta: ¿estamos dispuestos a beber el "cáliz" de los
"Cristos silenciosos" de nuestro pueblo? ¿Beber de la copa
de los sinsabores y dolores de nuestros límites y miserias
como nación pero –a la vez- reconocer allí mismo el vino
alegre del con-formarnos al modo de ser del pueblo al que
pertenecemos? ¿Animarnos a servir sin simulaciones ni
mediocridades para sentirnos dignos y satisfechos de ser
lo que somos?

Se nos invita a beber del cáliz del trabajo duro y solidario que, desde el principio, conoció el hombre de nuestra
tierra. Trabajo que mestizó, a pesar de muchos desencuentros, a aborígenes y españoles. Trabajo que costó
sangre para la independencia, que forjó la admiración del
mundo en la dedicación de educadores, investigadores y
científicos. Trabajo que despertó la conciencia social de
millones de postergados, como avanzada en el continen-
te, y que también probaron y prueban nuestras artes y
letras cuando cantan nuestra a veces tímida alegría de ser
argentinos. El cáliz del trabajo solidario en el servicio es
la respuesta más genuina a la incertidumbre de un país
lleno de potencialidades que no se realizan o se postergan
una y otra vez, indefinidamente, deteniendo su derrotero

de grandeza. Es la respuesta a la incertidumbre de un país dañado por los privilegios, por los que utilizan el poder en su provecho a cuenta de la legitimidad representativa, por quienes exigen sacrificios incalculables, escondidos en sus burbujas de abundancia, mientras evaden su responsabilidad social y lavan las riquezas que el esfuerzo de todos producen; por los que dicen escuchar y no escuchan, por los que aplauden ritualmente sin hacerse eco, por los que creen que se habla para otros. Las reglas de juego de la realidad global de estos tiempos son un cáliz amargo, pero esto debe redoblar la entrega y el esfuerzo ético de una dirigencia que no tiene derecho a exigir más a los de abajo si el sacrificio no baja desde arriba: "...el que quiera ser grande, que se haga servidor de ustedes". "Servir a" imponiéndose al "Servirse de".

Serenidad esperanzada

No menos que el trabajo solidario como servicio hoy también es primordial sacar, del rescoldo de la amargura, la brasa cálida de la serenidad esperanzada. En efecto, desde lo profundo de nuestras reservas, en las vivencias de fe comunitaria de nuestra historia y sin dejar de verse afectada por nuestras miserias, deben volver a nuestra memoria tantas formas culturales de religiosidad y arte, de organizaciones comunitarias y de logros individuales o grupales. Porque en el rescate de nuestras reservas, de nuestro buen ser heredado, está la piedra de arranque del futuro.

Así como no podemos prometer amor hacia adelante sin haberlo recibido, no podemos tampoco sentirnos confiados en ser argentinos si no rescatamos los bienes del pasado. Y esto sin resentimientos estériles, sin revisionismos simplistas, sin escrutar pequeñeces perdiendo de vista las grandezas que ayudan a construir los valores referenciales que necesita toda sociedad. No olvidemos que cuando una sociedad se complace en burlarse de su intimidad y permite que se banalice su capacidad creativa, entonces se opaca y la posibilidad de ser libres se desgasta por una superficialidad que ahoga. Y cuando dichas actitudes son propuestas a una comunidad cuyas necesidades básicas están seriamente agredidas, surgen entonces las lógicas reacciones de violencia, adicciones y la marginalidad cultural y social.

Rescatar nuestra memoria significa, por el contrario, contemplar los brotes de un alma que se resiste a su opresión. En nuestro pueblo existen manifestaciones populares artísticas donde anida el sentimiento y la humanización; hay una vuelta a la fe y a la búsqueda espiritual ante el fracaso del materialismo, el cientificismo y las ideologías; las organizaciones espontáneas de la comunidad son formas vigentes de socialización y búsqueda del bien común. Estas propuestas populares, emergentes de nuestra reserva cultural, trascienden los sectarismos, los partidismos y los intereses mezquinos. Ahora también, como en la Argentina de ayer y de siempre, se vislumbran objetivos comunes que solidarizan a aborígenes y españoles, a criollos e inmigrantes, y a todos los credos, en pos del bien común.

A esto llamamos serenidad porque construye con el bien solidario y la alegría creativa, esperanzadora; porque apunta más allá de los intereses y los logros; es el despunte del amor como vínculo social privilegiado, que se gusta por sí mismo. Serenidad que nos aleja de la violencia institucionalizada y es el antídoto contra la violencia desorganizada o promovida. Y será esa misma serenidad la que nos animará a defender unánimes nuestros derechos, sobre todo los más urgentes: el derecho a la vida, el derecho a recibir educación y atención de salud (que ninguna política puede postergar) y la irrenunciable responsabilidad de fortalecer a los ancianos, ayudar a promover a la familia (sin la cual no hay humanización ni ley) y a los niños, hoy alevosamente postergados y despreciados.

En este día de la Patria, el Señor nos convoca a dejar todo servilismo para entrar en el territorio de la servicialidad, ese espacio que se extiende hasta donde llega nuestra preocupación por el bien común y que es la patria verdadera. Fuera del espacio de la servicialidad no hay patria sino una tierra devastada por luchas de intereses sin rostro. En este día de la Patria, el Señor nos anima a no tener miedo de beber el cáliz del servicio. Si el servicio nos iguala, desalojando falsas superioridades, si el servicio achica distancias egoístas y nos aproxima –nos hace prójimos- no tengamos miedo: el servicio nos dignifica, devolviéndonos esa dignidad que clama por su lugar, por su estatura y sus necesidades.

Comunión en las diferencias

En este día de la Patria nuestro pueblo nos reclama y nos pide que no nos cansemos de servir, que sólo así ese nuevo vínculo social que anhelamos será una realidad. Ya hemos probado hasta el hartazgo cómo se desgasta nuestra convivencia por el abuso opresor de algún sector sobre otro, con los internismos que dan la espalda a los grandes problemas, con equívocas lealtades, con los enfrentamientos sectoriales o ideológicos más o menos violentos. Estas dialécticas del enfrentamiento llevan a la disolución nacional, anulan el encuentro y la projimidad. El servicio nos invita a converger, a madurar, a crear –en definitiva- una nueva dinámica social: la de la comunión en las diferencias cuyo fruto es la serenidad en la justicia y la paz. Plural comunión de todos los talentos y todos los esfuerzos sin importar su origen. Comunión de todos los que se animan a mirar a los demás en su dignidad más profunda.

Ésta es la propuesta evangélica que hoy planteamos en la conmemoración de la fecha que es memoria viva de nuestras más hondas reservas morales como pueblo; propuesta que será, si la asumimos, el mejor homenaje a nuestros próceres y a nosotros mismos.

TE DEUM
25 DE MAYO DE 2002
LA HISTORIA DEL PUBLICANO ZAQUEO

REFERENCIA DE CONTEXTO

Tras la renuncia del Dr. Fernando De la Rúa, y la sucesión en el Poder Ejecutivo de Federico Ramón Puerta, Adolfo Rodríguez Saá y Eduardo Camaño, asume el cargo de Presidente de la Nación el Dr. Eduardo Duhalde el 2 de enero de 2002. El Jefe de Gobierno de la Ciudad de Buenos Aires es el Dr. Aníbal Ibarra.

CLAVES PARA LA LECTURA Y LA REFLEXIÓN

El relato de este hombre de baja estatura y curioso cobrador de impuestos, Zaqueo, preside esta homilía. El paso sanador de Jesús provoca que la expectativa del personaje se vea profundamente afectada y satisfecha. Al punto que provoca una conversión, un cambio total en su actitud frente a la vida.

El texto identifica a Zaqueo con la sociedad. Ya en el primer párrafo se califica a la sociedad como "malherida" y aguardando una nueva presencia salvífica, sanadora del Señor que es Camino, Verdad y Vida.

Se pregunta *"¿Qué traba las posibilidades de aprovechar en nuestra Nación, -con tanta prodigalidad en la tierra y en los hombres- el encuentro pleno entre el Señor, sus dones, y nosotros?"*.

Pero para que eso suceda y no pase desapercibido, es necesario elevarse, superar la chatura, y todo lo que impide ver esa presencia.

Sin embargo, quienes debieran hacerlo, no quieren ver la realidad: sólo ven *"piezas de un tablero, números, estadísticas y variables de una oficina de planeamiento"*.

Se excusan diciendo: *"No queda otra salida"*. Esa chatura espiritual y ética se suma a *"aquellos que padecen otra vieja enfermedad del corazón: la incapacidad de sentir culpa"*.

Como Zaqueo que se eleva sobre su mediocridad nosotros como sociedad tenemos que elevarnos sobre nuestras propias mediocridades –que el texto señala- *"porque no hay salidas para una mirada baja, sin esperanza, resignada a sus límites, carente de creatividad"*.

Zaqueo *"Se dejó mirar por el Señor"* y se supo bajar de la autosuficiencia, de los prejuicios y los ideologismos.

También nosotros no sólo tenemos que elevarnos para ver al Señor, sino que debemos *"dejarnos mirar por el Señor"* para que él nos enseñe a mirar y construir la casa común, lejos de todas nuestras mezquindades, desde otro lugar.

Es necesario escuchar al Señor que llama a abajarnos de nuestra autosuficiencia, de los prejuicios de los ideologismos. Todos somos un poco Zaqueo, y todos tenemos enormes talentos y valores.

Hay una frase definitoria: *"Ninguna altura espiritual, ningún proyecto de grandes esperanzas puede hacerse real si no se construye y se sostiene desde abajo: desde el aba-*

jamiento de los propios intereses, desde el abajamiento al trabajo paciente y cotidiano".

Vuelve sobre la realidad del momento. Se afirma sin atenuantes "El peligro de la disolución nacional está a nuestras puertas...".

Se convoca a dejar "la soberbia de la división centenaria entre los intereses centralistas... y un interior condenado ahora a curiosidad turística". Se habla del "internismo faccioso" como "deporte nacional". Y se llama a bajar al trabajo paciente y constante, sin pretensiones posesivas sino con la urgencia de la solidaridad.

Con absoluta claridad se denuncia el "becerro de oro del consumismo viajero de algunos a costa del empobrecimiento de millones...".

Es interesante el señalamiento que realiza sobre "operativos de desinformación que confunden, desestabilizan y presionan hacia el caos".

Retoma la imagen de Zaqueo que se redime cuando acepta sentarse a la mesa de todos, a la de la amistad social. El texto explicita el sentido de esa actitud: se aviene a la ley de ser uno más, de ser hermano y un compatriota, que cumple la ley.

La parte final es un llamado a la reparación del mal cometido: "Además de subirse para ver a Jesús y abajarse luego para seguir su invitación hay una tercera clave en el texto evangélico: el dar, el darse reparando el mal cometido". Todos y cada uno nos tenemos que hacer cargo del mal cometido a la Patria, que también es prójimo.

"La historia nos dice que muchos pueblos se levantaron de sus ruinas y abandonaron sus ruindades como Zaqueo".

Para que esto sea posible apela más al tiempo y a la constancia organizativa y creadora, y menos al reclamo estéril, ilusiones o promesas. Propone una acción firme y perseverante.

Entonces se podrá decir que "ha llegado la salvación a esta casa porque el Hijo del hombre vino a buscar y a salvar lo que ya estaba perdido".

HOMILÍA

Evangelio según san Lucas 19, 1-10

Jesús entró en Jericó y atravesaba la ciudad. Allí vivía un hombre muy rico llamado Zaqueo, era jefe de los publicanos. Él quería ver quién era Jesús, pero no podía a causa de la multitud, porque era de baja estatura. Entonces se adelantó y subió a un sicómoro para poder verlo, porque iba a pasar por allí. Al llegar a ese lugar, Jesús miró hacia arriba y le dijo: Zaqueo, baja pronto, porque hoy tengo que alojarme en tu casa. Zaqueo bajó rápidamente y lo recibió con alegría.

Al ver esto, todos murmuraban, diciendo: Se ha ido a alojar en casa de un pecador. Pero Zaqueo dijo resueltamente al Señor: Señor, voy a dar la mitad de mis bienes a los pobres, y si he perjudicado a alguien, le daré cuatro veces más. Y Jesús le dijo: Hoy ha llegado la salvación a esta casa, ya que también este hombre es un hijo de Abraham, porque el Hijo del hombre vino a buscar y a salvar lo que estaba perdido.

La chatura espiritual y ética

Quizás como pocas veces en nuestra historia, esta sociedad malherida aguarda una nueva llegada del Señor. Aguarda la entrada sanadora y reconciliante de Aquél que es Camino, Verdad y Vida. Tenemos razones para esperar.

No olvidamos que su paso y su presencia salvífica han sido una constante en nuestra historia. Descubrimos la maravillosa huella de su obra creadora en una naturaleza de riqueza incomparable. La generosidad divina también se ha reflejado en el testimonio de vida de entrega y sacrificio de nuestros padres y próceres, del mismo modo que en millones de rostros humildes y creyentes, hermanos nuestros, protagonistas anónimos del trabajo y las luchas heroicas, encarnación de la silenciosa epopeya del Espíritu que funda pueblos.

Sin embargo, vivimos muy lejos de la gratitud que merecería tanto don recibido. ¿Qué impide ver esta llegada del Señor? ¿Qué torna imposible el «gustar y ver qué bueno es el Señor» (Sal 34, 9) ante tanta prodigalidad en la tierra y en los hombres? ¿Qué traba las posibilidades de aprovechar en nuestra Nación, el encuentro pleno entre el Señor, sus dones, y nosotros? Como en la Jerusalén de entonces, cuando Jesús atravesaba la ciudad y aquel hombre llamado Zaqueo no lograba verlo entre tanta muchedumbre, algo nos impide ver y sentir su presencia. En la escena evangélica se nos da la clave en términos de altura y de abajamiento. De altura, porque Zaqueo se deja ganar el corazón por el deseo de ver a Jesús y, como era pequeño de estatura, se adelanta y trepa a un sicómoro. Ningún talento, ninguna riqueza puede reemplazar una chatura moral o –en todo caso, si el problema no es moral- no hay salida para una mirada baja, sin esperanza, resignada a sus límites, carente de creatividad.

En esta tierra bendita, nuestras culpas parecen haber achatado nuestras miradas. Un triste pacto interior se ha fraguado en el corazón de muchos de los destinados a defender nuestros intereses, con consecuencias estremecedoras: la culpa de sus trampas acucia con su herida y, en vez de pedir la cura, persisten y se refugian en la acumulación de poder, en el reforzamiento de los hilos de una telaraña que impide ver la realidad cada vez más dolorosa. Así el sufrimiento ajeno y la destrucción que provocan tales juegos de los adictos al poder y a las riquezas, resultan para ellos mismos apenas piezas de un tablero, números, estadísticas y variables de una oficina de planeamiento. A medida que tal destrucción crece, se buscan argumentos para justificar y demandar más sacrificios escudándose en la repetida frase «no queda otra salida», pretexto que sirve para narcotizar sus conciencias. Tal chatura espiritual y ética no sobreviviría sin el refuerzo de aquellos que padecen otra vieja enfermedad del corazón: la incapacidad de sentir culpa. Los ambiciosos escaladores, que tras sus diplomas internacionales y su lenguaje técnico, por lo demás tan fácilmente intercambiable, disfrazan sus saberes precarios y su casi inexistente humanidad.

Dejarse mirar por el Señor

Como a Zaqueo puede hacérsenos consciente nuestra dificultad para vivir con altura espiritual: sentir el peso del tiempo malgastado, de las oportunidades perdidas, y surgirnos dentro un rechazo a esa impotencia de llevar adelante nuestro destino, encerrados en nuestras propias contradicciones. Ciertamente, es habitual que, frente a la impotencia y los límites, nos inclinemos a la fácil respuesta de delegar en otros toda la representatividad e interés por nosotros mismos. Como si el bien común fuera una ciencia ajena, como si la política -a su vez- no fuera una alta y delicada forma de ejercer la justicia y la caridad. Cortedad de miras para ver el paso de Dios entre nosotros, para sentirnos gratificados y dignos de tantos dones, y no tener escrúpulos en hacerlos valer sin renunciar a nuestra histórica vocación de apertura no invasiva a otros pueblos hermanos.

Como nosotros también, Zaqueo sufría esa cortedad de miras. Sin embargo sucede el milagro: el personaje evangélico se eleva sobre su mediocridad y encuentra la altura donde subirse. Porque del dolor y de los límites propios es de donde mejor se aprende a crecer y de nuestros mismos males es desde donde nos surge una honda pregunta: ¿Hemos vivido suficiente dolor para decidirnos a romper viejos esquemas, renunciar a actitudes necias tan arraigadas y dar rienda suelta a nuestras verdaderas potencialidades? ¿No estamos ante la oportunidad histórica de revisar antiguos y arraigados males que nunca terminamos de plantear, y trabajar juntos? ¿Hace falta que más sangre corra al río, para que nuestro orgullo herido y fracasado reconozca su derrota?

Zaqueo no optó por la resignación frente a sus dificultades, no cedió su oportunidad a la impotencia, se adelantó, buscó la altura desde donde ver mejor, y se dejó mirar por el Señor. Sí, dejarse mirar por el Señor, dejarse impactar por el dolor propio y el de los demás; dejar que el fracaso y la pobreza nos quiten los prejuicios, los ideologismos, las modas que insensibilizan, y que –de ese modo- podamos sentir el llamado: «Zaqueo, baja pronto». Ésta es la segunda clave de este pasaje evangélico: Zaqueo responde a un Jesús que lo llama a abajarse. Bajarse de sus autosuficiencias, bajarse del personaje inventado por su riqueza, bajarse de la trampa montada sobre sus pobres complejos. En efecto, ninguna altura espiritual, ningún proyecto de grandes esperanzas, puede hacerse real si no se construye y se sostiene desde abajo: desde el abajamiento de los propios intereses, desde el abajamiento al trabajo paciente y cotidiano que aniquila toda soberbia.

La urgencia de la solidaridad

Hoy como nunca, cuando el peligro de la disolución nacional está a nuestras puertas, no podemos permitir que nos arrastre la inercia, que nos esterilicen nuestras impotencias o que nos amedrenten las amenazas. Tratemos de ubicarnos allí donde mejor podamos enfrentar la mirada de Dios en nuestras conciencias, hermanarnos cara a cara, reconociendo nuestros límites y nuestras posibilidades. No retornemos a la soberbia de la división centenaria entre los intereses centralistas, que viven de la especulación monetaria y financiera, como antes del puerto, y la necesidad imperiosa del estímulo y promoción de un interior condenado ahora a la «curiosidad turística». Que tampoco nos empuje la soberbia del internismo faccioso, el más cruel de los deportes nacionales, en el cual, en vez de enriquecernos con la confrontación de las diferencias, la regla de oro consiste en destruir implacablemente hasta lo mejor de las propuestas y logros de los oponentes. Que no nos corten caminos las calculadoras intransigencias (en nombre de coherencias que no son tales). Que no sigamos revolcándonos en el triste espectáculo de quienes ya no saben cómo mentir y contradecirse para mantener sus privilegios, su rapacidad y sus cuotas de ganancia mal habidas, mientras perdemos nuestras oportunidades históricas, y nos encerramos en un callejón sin salida. Como Zaqueo hay que animarse a sentir el llamado a bajar: bajar al trabajo paciente y constante, sin pretensiones posesivas sino con la urgencia de la solidaridad.

Hemos vivido mucho de ficciones, creyendo estar en los primeros mundos, nos atrajo «el becerro de oro» de la estabilidad consumista y viajera de algunos, a costa del empobrecimiento de millones. Cuando oscuras complicidades de dentro y fuera, se convierten en coartadas de actitudes irresponsables que no vacilan en llevar las cosas al límite sin reparar en daños: negocios sospechosos, lavados que eluden obligaciones, compromisos sectoriales y partidarios que impiden una acción soberana, operativos de desinformación que confunden, desestabilizan y presionan hacia el caos; cuando sucede esto de poco nos sirve la tentación ilusoria de exigir chivos expiatorios en aras del supuesto surgimiento de una clase mejor, pura y mágica... Sería subirse a otra ilusión. Debemos reconocer con dolor que, entre los propios y los opuestos hay muchos Zaqueos, con distintos títulos y funciones; Zaqueos que intercambian papeles en un escenario de avaricia casi autoritaria, a veces con disfraces legítimos.

Lo mejor es dejar que el Zaqueo que hay dentro de cada uno de nosotros se deje mirar por el Señor, y acepte la invitación a bajar. Este llamado del Evangelio es memoria y camino de esperanza. Aquel que busca y se deja alcanzar por lo sublime da lugar a una alegría nueva, a una posibilidad de redención. Y Zaqueo se redime, accede alegre a la invitación del único que nos puede reconciliar, Dios mismo. Accede a sentarse a la mesa de todos, a la de la amistad social. Nadie le pidió a aquel publicano que fuera lo que no podía ser, sino que simplemente se bajara del árbol. Se le pide que se avenga a la ley de ser uno más, de ser hermano y compatriota, que cumpla la ley.

Esto hay que lograr: hacer cumplir la ley, que nuestro sistema funcione, que el banquete al que se nos convoca en el Evangelio sea ese lugar de encuentro y convivencia, de trabajo y celebración que queremos, y no «un café al paso» para los intereses «golondrina» del mundo; esos que llegan, extraen y parten. La ley es la condición infranqueable de la justicia, de la solidaridad y de la política, y ella nos cuida, al bajar del árbol, de no caer en la tentación de la violencia, del caos, del revanchismo. Asumamos el dolor de tanta sangre vertida inútilmente en nuestra historia. Abramos los ojos a tiempo: una sorda guerra se está librando en nuestras calles, la peor de todas, la de los enemigos que conviven y no se ven entre sí, pues sus intereses se entrecruzan manejados por sórdidas organizaciones delincuenciales y sólo Dios sabe qué más, aprovechando el desamparo social, la decadencia de la autoridad, el vacío legal y la impunidad.

No es el momento de tener miedo y vergüenza de nosotros mismos, todos somos un poco Zaqueo, y todos tenemos enormes talentos y valores. Miramos con nostalgia las riquezas naturales, la brillantez de tantos compatriotas dispersos, la silenciosa e increíble resistencia de un pueblo humilde que defiende sus reservas y se niega a ceder su fe y sus convicciones, que lucha contra el desgaste. Ahora o nunca, busquemos la refundación de nuestro vínculo social, como tantas veces lo reclamamos con toda la sociedad y, como este publicano arrepentido y feliz, demos rienda suelta a nuestra grandeza: la grandeza de dar y darnos. La gran exigencia es la renuncia a querer tener toda la razón; a mantener los privilegios; a la vida y la renta fácil,… a seguir siendo necios, enanos en el espíritu. Como en el llamado evangélico, en numerosas oportunidades nos hemos dejado visitar por Dios. Allí lo grande y sublime ha surgido de nosotros. Hay en toda la sociedad un anhelo ya propuesto, insoslayable, de participar y controlar su propia representación, como aquel día que hoy rememoramos en que la comuna se constituyó en Cabildo.

Saber dar y compartir

Además del subirse para ver a Jesús y abajarse luego para seguir su invitación hay una tercera clave en el texto evangélico: el dar, el darse reparando el mal cometido. Zaqueo se anima a devolver lo mal habido y a compartir. Como el Zaqueo convertido, este pueblo, siente el deseo de «dar la mitad» y «devolver el cuádruplo». Quiere rescatar del fondo de su alma el trabajo y la solidaridad generosa, la lucha igualitaria y la conquista social, la creatividad y la celebración. Sabemos bien que este pueblo podrá aceptar humillaciones, pero no la mentira de ser juzgado culpable por no reconocer la exclusión de veinte millones de hermanos con hambre y con la dignidad pisoteada. Si Zaqueo, antes de dejarse mirar por Jesús, ideaba la forma de que sus deudores se hundieran cada vez más, no podía entonces reclamar supuestas obligaciones éticas ni castigos ejemplares. Una vez convertido debe reconocer su estafa usurera, y devolver lo que robó. Contemplemos el final de la historia: Un Zaqueo avenido a la ley, viviendo sin complejos ni disfraces junto a sus hermanos, viviendo sentado junto al Señor, deja fluir confiado y perseverante sus iniciativas, capaz de escuchar y dialogar, y sobre todo de ceder y compartir con alegría de ser.

La historia nos dice que muchos pueblos se levantaron de sus ruinas y abandonaron sus ruindades como Zaqueo. Hay que dar lugar al tiempo y a la constancia organizativa y creadora, apelar menos al reclamo estéril, a las ilusiones y promesas, y dedicarnos a la acción firme y perseverante. Por este camino florece la esperanza, esa esperanza que no defrauda porque es regalo de Dios al corazón de nuestro pueblo. Hoy, más que nunca, nos convoca la esperanza. Ella nos inspira y da fuerzas para levantarnos y dejarnos mirar por Dios, abajarnos en la humildad del servicio, y dar dándonos a nosotros mismos. Por momentos soñamos una convocatoria, la esperamos mágica y encantadoramente. El camino es más sencillo: sólo debemos volver al Evangelio, dejarnos mirar como Zaqueo, escuchar el llamado a la tarea común, no disfrazar nuestros límites sino aceptar la alegría de compartir, antes que la inquietud del acaparar. Y entonces sí que escucharemos, dirigida a nuestra Patria, la palabra del Señor: **Hoy ha llegado la salvación a esta casa,... porque el Hijo del hombre vino a buscar y a salvar lo que estaba perdido** (Lc 19, 10).

TE DEUM
25 DE MAYO DE 2003
LA NARRACIÓN DEL BUEN SAMARITANO

REFERENCIA DE CONTEXTO

La presidencia de la Nación está a cargo del Dr. Néstor Kirchner, quien ha asumido sus funciones el 25 de mayo de 2003. El Jefe de Gobierno de la Ciudad de Buenos Aires es el Dr. Aníbal Ibarra.

CLAVES PARA LA LECTURA Y LA REFLEXIÓN

Esta homilía toma como punto inicial de la reflexión la parábola del Buen Samaritano. Las palabras iniciales subrayan la idea de renacimiento, desafío para que resurja *"nuestra vocación de ciudadanos y constructores de un nuevo vínculo social, la esperanza de vivir como una verdadera comunidad"*.

Muestra la parábola como un *"ícono iluminador capaz de poner de manifiesto la opción de fondo que debemos tener para reconstruir esta Patria que nos duele..."*

La opción es ser como el Buen Samaritano. Toda otra opción termina, o bien del lado de los "ladrones salteadores", o bien de "los que pasan de largo", sin compadecerse del dolor del herido del camino. Señala, a partir de aquí, con qué iniciativas se puede rehacer una comunidad y qué actitudes no se hacen cargo de las exigencias ineludibles de la realidad humana.

El Buen Samaritano es identificado con el mismo Cristo que se hace nuestro prójimo, se entrega y se hace cargo de nosotros. *"Es la Palabra viva del Dios que se abaja y se aproxima hasta tocar nuestra fragilidad más cotidiana"*. Del mismo modo nosotros tenemos que hacernos cargo de nuestra realidad.

Se adelanta unos años al concepto de "indignados" al afirmar que *"nos debe ¨indignar¨ que haya quienes puedan quedar al costado de la vida, marginados de su dignidad"*.

Afirma que *"la inclusión o la exclusión del herido al costado del camino define todos los proyectos económicos, políticos, sociales y religiosos"*.

Plantea con profundidad: *"Y si extendemos la mirada a la totalidad de nuestra historia y a lo ancho y largo de la Patria, todos somos o hemos sido como estos personajes -de la parábola- , todos tenemos algo de herido, algo de salteador, algo de los que pasan de largo y algo del Buen Samaritano..."* .

Señala que todos enfrentamos -sobre todo en momentos de crisis- la opción de ser alguno de esos personajes: *"todo el que no es salteador o todo el que no pasa de largo, o bien está herido o está poniendo sobre sus hombros a algún herido..."*.

La homilía se detiene en cada uno de los roles posibles, y cómo se manifiesta en la historia de nuestra Patria haciendo especial hincapié en *"los que pasan de largo"*, desarrollando las distintas maneras en que se puede *"pasar de largo"*... Se concluye que estos últimos, terminan siendo los mejores aliados de los "salteadores".

"La impunidad del delito, del uso de las instituciones de la comunidad para provecho personal y otros males que no logramos desterrar, tiene como contracara la permanente desinformación y descalificación de todo, la constante siembra de sospecha que hace cundir la desconfianza y la perplejidad".

Como ciudadanos, como miembros de este pueblo, -nos dice- "no tenemos derecho a la indiferencia y el desinterés, o mirar hacia otro lado". "No podemos "pasar de largo" como lo hicieron los de la parábola. Tenemos responsabilidad sobre el herido que es la Nación y su pueblo." Por eso exhorta a: ""Ponerse la Patria al hombro" a todos: gobernantes, a la justicia, dirigentes políticos, empresarios, sindicales, a los intelectuales y profesionales, a la justicia y a todo hombre de bien en esta Patria".

Concluye, a tono con el momento histórico de la homilía, "Hoy estamos ante la gran oportunidad"... apelando al "deseo puro y simple de querer ser Nación".

"Se inicia hoy una nueva etapa en nuestra Patria signada muy profundamente por la fragilidad de nuestros hermanos más pobres y excluidos, fragilidad de nuestras instituciones, fragilidad de nuestros vínculos sociales".

Homilía

Evangelio según san Lucas 10, 25-37

Y entonces, un doctor de la Ley se levantó y le preguntó a Jesús para ponerlo a prueba: «Maestro, ¿qué tengo que hacer para heredar la Vida Eterna?». Jesús le preguntó a su vez: «¿Qué está escrito en la ley? ¿Qué lees en ella?» Él le respondió: «Amarás al Señor, tu Dios, con todo tu corazón, con toda tu alma, con todas tus fuerzas y con todo tu espíritu, y a tu prójimo como a ti mismo».

71

"Has respondido exactamente, le dijo Jesús; obra así y alcanzarás la vida».

Pero el doctor de la Ley, para justificar su intervención, le hizo esta pregunta: «¿Y quién es mi prójimo?». Jesús volvió a tomar la palabra y le respondió: «Un hombre bajaba de Jerusalén a Jericó y cayó en manos de unos ladrones, que lo despojaron de todo, lo hirieron y se fueron, dejándolo medio muerto. Casualmente bajaba por el mismo camino un sacerdote: lo vio y siguió de largo. También pasó por allí un levita: lo vio y siguió su camino. Pero un samaritano que viajaba por allí, al pasar junto a él, lo vio y se conmovió. Entonces se acercó y vendó sus heridas, cubriéndolas con aceite y vino; después lo puso sobre su propia montura, lo condujo a un albergue y se encargó de cuidarlo. Al día siguiente sacó dos denarios y se los dio al dueño del albergue, diciéndole: 'Cuídalo, y lo que gastes de más, te lo pagaré al volver'. ¿Cuál de los tres te parece que se portó como prójimo del hombre asaltado por los ladrones?» «El que tuvo compasión de él», le respondió el doctor. Y Jesús le dijo: «Ve, y procede tú de la misma manera».

Ser como el Buen Samaritano

El tiempo pascual es un llamado a renacer de lo alto. Al mismo tiempo es un desafío a hacer un profundo replanteo, a resignificar toda nuestra vida -como personas y como Nación- desde el gozo de Cristo resucitado para permitir que brote, en la fragilidad misma de nuestra carne, la esperanza de vivir como una verdadera comunidad. Desde este misterio de alegría íntima y compartida, sentimos resurgir un sol de mayo al que los argentinos, como siempre, deseamos ver como un recuerdo que es destello de resurrección. Es el esperanzado llamado de Jesucristo a que resurja nuestra vocación de ciudadanos constructores de un nuevo vínculo social. Llamado nuevo, que está escrito, sin embargo, desde siempre como ley fundamental de nuestro ser: que la sociedad se encamine a la prosecución del Bien Común y, a partir de esta finalidad, reconstruya una y otra vez su orden político y social.

La parábola del Buen Samaritano es un ícono iluminador, capaz de poner de manifiesto la opción de fondo que debemos tomar para reconstruir esta Patria que nos duele. Ante tanto dolor, ante tanta herida, la única salida es ser como el Buen Samaritano. Toda otra opción termina o bien del lado de los salteadores o bien del lado de los que pasan de largo, sin compadecerse del dolor del herido del camino. Y «la Patria no ha de ser para nosotros -como decía un poeta nuestro- sino un dolor que se lleva en el costado». La parábola del Buen Samaritano nos muestra con qué iniciativas se puede rehacer una comunidad a partir de hombres y mujeres que sienten y obran como verdaderos socios (en el sentido antiguo de conciudadanos). Hombres y mujeres que hacen propia y acompañan la fragilidad de los demás, que no dejan que se erija una sociedad de exclusión, sino que se aproximan -se hacen prójimos- y levantan y rehabilitan al caído, para que el Bien sea Común. Al mismo tiempo la parábola nos advierte sobre ciertas actitudes que sólo se miran a sí mismas y no se hacen cargo de las exigencias ineludibles de la realidad humana.

Desde el comienzo de la vida de la Iglesia, y especialmente por los Padres capadocios, el Buen Samaritano fue identificado con el mismo Cristo. Él es el que se hace nuestro prójimo, el que levanta de los márgenes de la vida al ser humano, el que lo pone sobre sus hombros, se hace cargo de su dolor y abandono y lo rehabilita. El relato del Buen Samaritano, digámoslo claramente, no desliza una enseñanza de ideales abstractos, ni se circunscribe a la funcionalidad de una moraleja ético-social, sino que es la Palabra viva del Dios que se abaja y se aproxima hasta tocar nuestra fragilidad más cotidiana. Esa Palabra nos revela una característica esencial del hombre, tantas veces olvidada: que hemos sido hechos para la plenitud de ser; por tanto no podemos vivir indiferentes ante el dolor, no podemos dejar que nadie quede «a un costado de la vida», marginado de su dignidad. Esto nos debe in-dignar. Esto debe hacernos bajar de nuestra serenidad para «alterarnos» por el dolor humano, el de nuestro prójimo, el de nuestro vecino, el de nuestro socio en esta comunidad de argentinos. En esa entrega encontraremos nuestra vocación existencial, nos haremos dignos de este suelo, que nunca tuvo vocación de marginar a nadie.

El relato se nos presenta con la linealidad de una narración sencilla, pero tiene toda la dinámica de esa lucha interna que se da en la elaboración de nuestra identidad, en toda existencia «lanzada al camino» de hacer patria. Me explico: puestos en camino nos chocamos, indefectiblemente, con el hombre herido. Hoy, y cada vez más, ese herido es mayoría. En la humanidad y en nuestra Patria. La inclusión o la exclusión del herido al costado del camino define todos los proyectos económicos, políticos, sociales y religiosos. Todos enfrentamos cada día la opción de ser buenos samaritanos o indiferentes viajantes que pasan de largo. Y si extendemos la mirada a la totalidad de nuestra historia y a lo ancho y largo de la Patria, todos somos o hemos sido como estos personajes: todos tenemos algo de herido, algo de salteador, algo de los que pasan de largo y algo del Buen Samaritano. Es notable cómo las diferencias de los personajes del relato quedan totalmente transformadas al confrontarse con la dolorosa manifestación del caído, del humillado. Ya no hay distinción entre habitante de Judea y habitante de Samaria, no hay sacerdote ni comerciante; simplemente están dos tipos de hombre: los que se hacen cargo del dolor y los que pasan de largo, los que se inclinan reconociéndose en el caído, y los que distraen su mirada y aceleran el paso. En efecto, nuestras múltiples máscaras, nuestras etiquetas y disfraces se caen: es la hora de la verdad, ¿nos inclinaremos para tocar nuestras heridas? ¿Nos inclinaremos a cargarnos al hombro unos a otros? Este es el desafío de la hora presente, al que no hemos de tenerle miedo. En los momentos de crisis la opción se vuelve acuciante: podríamos decir que en este momento, todo el que no es salteador o todo el que no pasa de largo, o bien está herido o está poniendo sobre sus hombros a algún herido.

Los que pasan de largo

La historia del Buen Samaritano se repite: se torna cada vez más visible que nuestra desidia social y política está logrando hacer de esta tierra un camino desolado, en el que las disputas internas y los saqueos de oportunidades nos van dejando a todos marginados, tirados a un costado del camino. En su parábola, el Señor no plantea vías alternativas, ¿qué hubiera sido de aquel malherido o del que lo ayudó, si la ira o la sed de venganza hubieran ganado espacio en sus corazones? Jesucristo confía en lo mejor del espíritu humano y con la parábola lo alienta a que se adhiera al amor de Dios, reintegre al dolido y construya una sociedad digna de tal nombre.

La parábola comienza con los salteadores. El punto de partida que elige el Señor es un asalto ya consumado. Pero no hace que nos detengamos a lamentar el hecho, no dirige nuestra mirada hacia los salteadores. Los conocemos. Hemos visto avanzar en nuestra Patria las densas sombras del abandono, de la violencia utilizada para mezquinos intereses de poder y división, también existe la ambición de la función pública buscada como botín. La pregunta ante los salteadores podría ser: ¿Haremos nosotros de nuestra vida nacional un relato que se queda en esta parte de la parábola? ¿Dejaremos tirado al herido para correr cada uno a guarecerse de la violencia o a perseguir a los ladrones? ¿Será siempre el herido la justificación de nuestras divisiones irreconciliables, de nuestras indiferencias crueles, de nuestros enfrentamientos internos? La poética profecía del Martin Fierro debe prevenirnos: nuestros eternos y estériles odios e individualismos abren las puertas a los que nos devoran de afuera.

El pueblo de nuestra Nación demuestra, una y otra vez, la clara voluntad de responder a su vocación de ser buenos samaritanos unos con otros: ha confiado nuevamente en nuestro sistema democrático a pesar de sus debilidades y carencias, y vemos cómo se redoblan los esfuerzos solidarios para volver a tejer una sociedad que se fractura. Nuestro pueblo responde con silencio de Cruz a las propuestas disolutorias y soporta hasta el límite la violencia descontrolada de quienes están presos del caos delincuencial.

La Parábola nos hace poner la mirada, redobladamente, en los que pasan de largo.

Esta peligrosa indiferencia de pasar de largo, inocente o no, producto del desprecio o de una triste distracción, hace de los personajes del sacerdote y del levita un no menos triste reflejo de esa distancia cercenadora, que muchos se ven tentados a poner frente a la realidad y a la voluntad de ser Nación. Hay muchas maneras de pasar de largo que se complementan: una ensimismarse, desentenderse de los demás, ser indiferente; otra: un solo mirar hacia afuera. Respecto a esta última manera de pasar de largo, en algunos es acendrado el vivir con la mirada puesta hacia fuera de nuestra realidad, anhelando siempre las características de otras sociedades, no para integrarlas a nuestros elementos culturales, sino para reemplazarlos. Como si un proyecto de país impostado intentara forzar su lugar empujando al otro; en ese sentido podemos leer hoy experiencias históricas de rechazo al esfuerzo de ganar espacios y recursos, de crecer con identidad, prefiriendo el ventajismo del contrabando, la especulación meramente financiera y la expoliación de nuestra naturaleza y -peor aún- de nuestro pueblo.

Aún intelectualmente, persiste la incapacidad de aceptar características y procesos propios, como lo han hecho tantos pueblos, insistiendo en un menosprecio de la propia identidad. Sería ingenuo no ver algo más que ideologías o refinamientos cosmopolitas detrás de estas tendencias; más bien afloran intereses de poder que se benefician de la permanente conflictividad en el seno de nuestro pueblo.

Inclinación similar se ve en quienes, aparentemente por ideas contrarias, se entregan al juego mezquino de las descalificaciones, los enfrentamientos hasta lo violento, o a la ya conocida esterilidad de muchas intelectualidades para las que «nada es salvable si no es como lo pienso yo». Lo que debe ser un normal ejercicio de debate o autocrítica, que sabe dejar a buen recaudo el ideario y las metas comunes, aquí parece ser manipulado hacia el permanente estado de cuestionamiento y confrontación de los principios más fundamentales. ¿Es incapacidad de ceder en beneficio de un proyecto mínimo común o la irrefrenable compulsión de quienes sólo se alían para satisfacer su ambición de poder?

Tácitamente los «salteadores del camino» han conseguido como aliados a los que «pasan por el camino mirando a otro lado». Se cierra el círculo entre los que usan y engañan a nuestra sociedad para esquilmarla, y los que supuestamente mantienen la pureza en su función crítica, pero viven de este sistema y de nuestros recursos para disfrutarlos afuera o mantienen la posibilidad del caos para ganar su propio terreno.

Ponernos la Patria al hombro

No debemos llamarnos a engaño, la impunidad del delito, del uso de las instituciones de la comunidad para el provecho personal o corporativo y otros males que no logramos desterrar, tienen como contracara la permanente desinformación y descalificación de todo, la constante siembra de sospecha que hace cundir la desconfianza y la perplejidad. El engaño del «todo está mal» es respondido con un «nadie puede arreglarlo». Y, de esta manera, se nutre el desencanto y la desesperanza. Hundir a un pueblo en el desaliento es el cierre de un círculo perverso perfecto: la dictadura invisible de los verdaderos intereses, esos intereses ocultos que se adueñaron de los recursos y de nuestra capacidad de opinar y pensar.

Todos, desde nuestras responsabilidades, debemos ponernos la Patria al hombro, porque los tiempos se acortan. La posible disolución la advertimos en otras oportunidades, en esta misma fecha patria. Sin embargo, muchos seguían su camino de ambición y superficialidad, sin mirar a los que caían al costado: esto sigue amenazándonos.

Miremos finalmente al herido. Los ciudadanos nos sentimos como él, malheridos y tirados al costado del camino. Nos sentimos también desamparados de nuestras instituciones desarmadas y desprovistas, ayunos de la capacidad y la formación que el amor a la patria exigen.

Todos los días hemos de comenzar una nueva etapa, un nuevo punto de partida. No tenemos que esperar todo de los que nos gobiernan: esto sería infantil, sino más bien hemos de ser parte activa en la rehabilitación y el auxilio del país herido. Hoy estamos ante la gran oportunidad de manifestar nuestra esencia religiosa, filial y fraterna para sentirnos beneficiados con el don de la Patria, con el don de nuestro pueblo, de ser otros buenos samaritanos que carguen sobre sí el dolor de los fracasos, en vez de acentuar odios y resentimientos. Como el viajero ocasional de nuestra historia, sólo falta el deseo gratuito, puro y simple de querer ser Nación, de ser constantes e incansables en la labor de incluir, de integrar, de levantar al caído. Aunque se automarginen los violentos, los que sólo se ambicionan a sí mismos, los difusores de la confusión y la mentira, y que otros sigan pensando en lo político para sus juegos de poder, nosotros pongámonos al servicio de lo mejor posible para todos. Comenzar de abajo y de a uno, pugnar por lo más concreto y local, hasta el último rincón de la Patria, con el mismo cuidado que el viajero de Samaria tuvo por cada llaga del herido. No confiemos en los repetidos discursos y en los supuestos informes acerca de la realidad. Hagámonos cargo de la realidad que nos corresponde sin miedo al dolor o a la impotencia, porque allí está el Resucitado. Donde había una piedra y un sepulcro, estaba la vida esperando. Donde había una tierra desolada nuestros padres aborígenes y luego los demás que poblaron nuestra Patria, hicieron brotar trabajo y heroísmo, organización y protección social.

Las dificultades que aparecen enormes son la oportunidad para crecer, y no la excusa para la tristeza inerte que favorece el sometimiento. Renunciemos a la mezquindad y el resentimiento de los internismos estériles, de los enfrentamientos sin fin. Dejemos de ocultar el dolor de las pérdidas y hagámonos cargo de nuestros crímenes, desidias y mentiras, porque sólo la reconciliación reparadora nos resucitará, y nos hará perder el miedo a nosotros mismos. No se trata de predicar un eticismo reivindicador, sino de encarar las cosas desde una perspectiva ética, que siempre está enraizada en la realidad.

Cuidar la fragilidad de nuestro pueblo

El samaritano del camino se fue sin esperar reconocimientos ni gratitudes. La entrega al servicio era la satisfacción frente a su Dios y su vida, y por eso, un deber. El pueblo de esta Nación anhela ver este ejemplo en quienes hacen pública su imagen: hace falta grandeza de alma, porque sólo la grandeza de alma despierta vida y convoca.

No tenemos derecho a la indiferencia y al desinterés o a mirar hacia otro lado. No podemos «pasar de largo» como lo hicieron los de la parábola. Tenemos responsabilidad sobre el herido que es la Nación y su pueblo. Se inicia hoy una nueva etapa en nuestra Patria signada muy profundamente por la fragilidad: fragilidad de nuestros hermanos más pobres y excluidos, fragilidad de nuestras instituciones, fragilidad de nuestros vínculos sociales...

¡Cuidemos la fragilidad de nuestro pueblo herido! Cada uno con su vino, con su aceite y su cabalgadura.

Cuidemos la fragilidad de nuestra Patria. Cada uno pagando de su bolsillo lo que haga falta para que nuestra tierra sea verdadera posada para todos, sin exclusión de ninguno.

Cuidemos la fragilidad de cada hombre, de cada mujer, de cada niño y de cada anciano, con esa actitud solidaria y atenta, actitud de projimidad del Buen Samaritano.

Que nuestra Madre, María Santísima de Luján, que se ha quedado con nosotros y nos acompaña por el camino de nuestra historia como signo de consuelo y de esperanza, escuche nuestra plegaria de caminantes, nos conforte y nos anime a seguir el ejemplo de Cristo, el que carga sobre sus hombros nuestra fragilidad.

TE DEUM
25 DE MAYO DE 2004
JESÚS EN LA SINAGOGA DE NAZARET:
NADIE ES PROFETA EN SU TIERRA

REFERENCIA DE CONTEXTO

El Presidente de la Nación es el Dr. Néstor Kirchner. En la Ciudad de Buenos Aires, el Jefe de Gobierno es el Dr. Aníbal Ibarra.

CLAVES PARA LA LECTURA Y LA REFLEXIÓN

El texto evangélico escogido nos presenta a Jesús en la sinagoga de Nazaret haciendo la lectura, y refiere el comportamiento y reacción de quienes habían sido los coetáneos del lugar y crianza de Jesús, frente a su predicación y su mensaje de liberación universal. Acá aparece la frase "les aseguro que ningún profeta es bien recibido en su tierra".

Plantea la dificultad de que ese mensaje de "liberación a los cautivos", que devuelve la vista a los ciegos y da libertad a los oprimidos sea oído y entendido por quienes *tan clarividentes se creen que se han vuelto ciegos, tan autosuficientes que se han vueltos inicuos*".

Por eso subraya la actitud de Jesús que decidió *"...pasar entre medio de ellos y siguió su camino, se fue a Cafarnaún, pueblo de Galilea, a predicar de nuevo al aire libre, entre la gente sencilla del pueblo fiel"...* *"Que es precisamente el camino de los pobres, el de los pobres de cualquier pobreza".*

A la pregunta de qué les impide ver y transitar la senda de la escucha de la Buena Nueva, se menciona el tácito enfrentamiento en sus vidas entre sabiduría e ilustración. *"Lo sabio es añejamiento de la vida donde campea la prudencia, la capacidad de comprensión, el sentido de pertenencia. Lo ilustrado, en cambio, puede correr el riesgo de dejarse empapar de ideologías -no de ideas- , de prejuicios, de facciosidad".* *"La impaciencia de las élites ilustradas no entiende el laborioso y cotidiano caminar de un pueblo...".*

Reconoce, ayer como hoy, la existencia desde *"las izquierdas ateas hasta las derechas descreídas, abroqueladas en sus seguridades marginales, ajenas a todo sentir popular".*

Asegura que *"el fruto vano de la ceguera es la falsa ilusión que cuando se desvanece y aparece la realidad nos volvemos intolerantes y esto nos lleva a despreciar lo distinto, a no ver lo complementario, a ridiculizar y ensuciar al que piensa diferente, lo cual es una nueva forma de presionar y lograr poder".*

Es una muestra de mediocridad cultural no reconocer las virtudes y grandezas de los otros.

Por eso, *"el pecado mayor de todos los cultores de la ceguera es el vacío de identidad que producen, esa terrible insatisfacción que nos proyectan y no permiten que nos sintamos a gusto en nuestra propia Patria".* Así, *"despeñados mueren próceres, prohombres, artistas, científicos o simplemente cualquiera que piense más allá del inconsciente discurso dominante. No los descubrimos, sino tarde despre-*

ciamos al hijo del carpintero...". Despreciamos al "Hijo del carpintero" presente en nuestra historia.

Señala la necesidad de construir sobre lo identificativo de nuestro pueblo y no sobre una identidad importada al servicio de otros intereses. La homilía en este punto se pregunta: *"¿Qué vemos cuando se nos permite abrir los ojos?".*

Se describe a un Jesús con los pies sobre la tierra *"elaborando la verdadera comida del espíritu, esa que cimienta la Comunión entre los habitantes de la Nación".*

Nos habla de *"la ceguera del alma"* que nos impide ser libres y señala que *"muchos de los que anhelaban la libertad, al levantar sus piedras intolerantes, demostraban la misma crueldad que el imperio invasor".*

En una frase define con lucidez: *"cuando la cautividad proviene de nuestras sangrantes heridas y luchas internas, de la ambición compulsiva, de las componendas de poder que absorben las instituciones... entonces ya estamos cautivos de nosotros mismos".*

Concluye este párrafo describiendo las características de *"una confusa cultura mediocrizada que nos mantiene en la perplejidad del caos y de la anomia, de la permanente confrontación interna y ¨de internas¨, distraídas por la noticia espectacular...".*

"La opresión más sutil es entonces la opresión de la mentira y del ocultamiento, eso sí, a base de mucha información, información opaca y, por tal, equívoca".

Categóricas afirmaciones que representan un duro y profundo cuestionamiento a la construcción cultural de los factores de poder con capacidad para ello.

Llama a la unidad como elemento fundante para salir de la cautividad, de la mediocridad: *"un pueblo dividido y desorientado está ya dominado".*

Termina la homilía revalorizando la capacidad de *"nuestro pueblo"* para romper con la trampa y la situación descripta, siempre y cuando se haga desde *"nuestras raíces"* apelando a la conciencia que busca y se duele, que goza y se compromete con los otros, que acepta el orden pacificador de la ley justa y la memoria de los logros colectivos que van formando nuestro ser común.

Homilía

Evangelio según san Lucas 4, 16-32

Jesús fue a Nazaret, donde se había criado; el sábado entró como de costumbre en la sinagoga y se levantó para hacer la lectura. Le presentaron el libro del profeta Isaías y, abriéndolo, encontró el pasaje donde estaba escrito:

"El Espíritu del Señor está sobre mí, porque me ha consagrado por la unción. Él me envió a llevar la Buena Noticia a los pobres, a anunciar la liberación a los cautivos y la vista a los ciegos, a dar la libertad a los oprimidos y proclamar un año de gracia del Señor".

Jesús cerró el libro, lo devolvió al ayudante y se sentó. Todos en la sinagoga tenían los ojos fijos en él. Entonces comenzó a decirles: «Hoy se ha cumplido este pasaje de la Escritura que acaban de oír».

Todos daban testimonio a favor de él y estaban llenos de admiración por las palabras de gracia que salían de su boca. Y decían: «¿No es éste el hijo de José?». Pero él les respondió: «Sin duda ustedes me citarán el refrán: `Médico, cúrate a ti mismo´. Realiza también aquí, en tu patria, todo lo que hemos oído que sucedió en Cafarnaún». Después agregó: «Les aseguro que ningún profeta es bien recibido en su tierra. Yo les aseguro que había muchas viudas en Israel en el tiempo de Elías, cuando durante tres años y seis meses no hubo lluvia del cielo y el hambre azotó a todo el país. Sin embargo, a ninguna de ellas fue enviado Elías, sino a una viuda de Sarepta, en el país de Sidón. También había muchos leprosos en Israel, en el tiempo del profeta Eliseo, pero ninguno de ellos fue curado, sino Naamán, el sirio». Al oír estas palabras, todos los que estaban en la sinagoga se enfurecieron y, levantándose, lo empujaron fuera de la ciudad, hasta un lugar escarpado de la colina sobre la que se levantaba la ciudad, con intención de despeñarlo. Pero Jesús, pasando en medio de ellos, continuó su camino.

Jesús bajó a Cafarnaún, ciudad de Galilea, y enseñaba los sábados. Y todos estaban asombrados de su enseñanza, porque hablaba con autoridad.

Buscando la huella de la esperanza

En estos días finales del tiempo pascual, en vísperas de la venida del Espíritu Santo, nos reunimos para retornar a las fuentes del Mayo de los argentinos. Volvemos al núcleo histórico de nuestros comienzos, no para ejercitar nostalgias formales sino buscando la huella de la esperanza. Hacemos memoria del camino andado para abrir espacios al futuro. Como nos enseña nuestra fe: de la memoria de la plenitud se hace posible vislumbrar los nuevos caminos. Del paso fundante de Dios y de su contundente gracia salvadora en nuestra historia es posible recomenzar, inspirarse, fortalecerse, proyectarse. La víspera de Pentecostés, tiempo del Espíritu, reúne a los vapuleados creyentes de hoy, no menos que a los sacudidos y frágiles apóstoles de entonces, para recomenzar. La fragilidad de la barca no debe causar temores ni prevenciones, la inmensidad del mar de la vida y de la historia es suavizada por el viento, ese soplo de Dios que desde el primer día nos impulsa y conduce. Alguna verdadera, misteriosa e inclaudicable confianza nos llevó a los argentinos a congregarnos, tantas veces a lo largo de nuestra historia, en este solar de mayo, como en aquel año de 1810, buscando el viento que nos conduzca por buen camino.

También aquellos fieles que oían a Jesús en su Nazaret natal estaban esperanzados. Había respeto y admiración por la autoridad que emanaba de su persona y sus palabras parecían mover aires renovados en el alma del pueblo. La propuesta de aquel joven Rabbí era algo largamente esperado: una *«Buena Noticia para los pobres»*, una manera nueva de «ver» la vida y la tan ansiada libertad. Esa buena nueva de Jesús es inclusiva. A los mismos que libera y sana les encomienda liberar y sanar a otros. Hablando con su pueblo, Jesús mismo siente la confirmación de que las palabras proféticas se cumplen en el mismo momento en que las pronuncia. Iluminado y ungido, habla movido por el Espíritu. El relato evangélico nos lo muestra a las claras: allí estaba el Espíritu, un tiempo nuevo de Dios, un viento que es seguro. Y la gente sentía lo mismo: hubo aplausos y gestos de admiración.

Sin embargo, el final del relato nos deja perplejos. Alguien deslizó sibilinamente «pero, ¿no es éste el hijo de José, el carpintero?", y entonces cambió el humor de los presentes: lo sacaron a empujones y lo llevaron a un barranco con la intención de despeñarlo o de apedrearlo. Pero *«Jesús pasó por entre medio de ellos y siguió su camino»*, se fue a Cafarnaún, pueblo de Galilea, a predicar de nuevo al aire libre, entre la gente sencilla del pueblo fiel. Lo que al principio parecía el acontecimiento de una gran barca lanzada a los mares de la conquista de la libertad, se convierte en un ir a buscar la humilde barca de Simón, el pescador del lago de Genesaret: el Señor se escabulle y se pierde como uno más entre la multitud. Ni siquiera se comporta como un rebelde dispuesto a poner el pecho a las pedradas.

El camino de los pobres

Jesús, fiel al estilo profético que acompañaba su paso entre los hombres, realiza gestos simbólicos, ¿qué significa este dejar Nazaret su «patria»? Me parece ver aquí una fuerte protesta contra los que se sienten tan incluidos que excluyen a los demás. Tan clarividentes se creen que se han vuelto ciegos, tan autosuficientes son en la administración de la ley que se han vuelto inicuos.

Por eso Jesús se aparta y elige el pequeño sendero, irse por entremedio de su pueblo, «la oscura senda» (de la que hablara Fray Luis De León), que es precisamente el camino de los pobres; el de los pobres de cualquier pobreza que signifique despojo al alma y, a la vez, confianza y entrega a los demás y a Dios. En efecto, el que sufre el despojo de sus bienes, de su salud, de pérdidas irreparables, de las seguridades del ego y -en esa pobreza- se deja conducir por la experiencia de lo sabio, de lo luminoso, del amor gratuito, solidario y desinteresado de los otros, conoce algo o mucho de la Buena Nueva.

Los argentinos hemos sufrido todas estas pobrezas, algunos las viven y testimonian desde años y décadas. Pues bien, hoy como en aquel tiempo, Jesús sigue escabullido entre los más pequeños y pobres de nuestro pueblo.

Pero, ¿por qué deja a aquellos exaltados solos con sus piedras y sus deseos de desbarrancar todo lo que no concuerde con sus ideas? ¿Qué les impide a éstos transitar esta senda de la escucha de la Buena Nueva? Tal vez el tácito enfrentamiento, en sus vidas, entre sabiduría e ilustración. Lo sabio es añejamiento de vida donde campea la prudencia, la capacidad de comprensión, el sentido de pertenencia. Lo ilustrado, en cambio, puede correr el riesgo de dejarse empapar de ideologías –no de ideas- de prejuicios, de facciosidad. La impaciencia de las élites ilustradas no entiende el laborioso y cotidiano caminar de un pueblo, ni comprende el mensaje del sabio. Y en aquel entonces había también élites ilustradas que aislaban su conciencia de la marcha de su pueblo, que negociaban su pertenencia y su fe, también existían las izquierdas ateas y las derechas descreídas abroqueladas en sus seguridades marginales ajenas a todo sentir popular. Algo de aquella cerrazón emocional, de esas expectativas no colmadas las sintió Jesús como verdaderas cegueras del alma. Tal actitud parece evocar los reclamos histriónicos, inmediatistas; esas reacciones y posturas extremas o superficiales en las que solemos caer.

Ha venido a dar vista a los ciegos

No pocas veces, el mundo mira asombrado un país como el nuestro, lleno de posibilidades, que se pierde en posturas y crisis emergentes y no profundiza en sus hendiduras sociales, culturales y espirituales, que no trata de comprender las causas, que se desentiende del futuro. Frente a esta realidad debemos quizá pedir luz acerca de la segunda promesa profética: ha venido a dar vista a los ciegos, y plantearnos el hecho de nuestra ceguera.

Admitámoslo. Necesitamos que el Señor nos ilumine porque tantas veces parecemos cegados y vivimos de encandilamientos efímeros que nublan y opacan. Es como capricho del que no quiere saber nada con el resplandor que brota del silencioso pensar y hacer balance de nuestros aciertos y yerros. No buscamos la luz mansa que brota de la verdad, no apostamos a la espera laboriosa, que cuida el aceite y mantiene la lámpara encendida.

El fruto vano de la ceguera es la falsa ilusión. Todos ilusionamos una fuerza profética y mesiánica que nos libere, pero cuando el trayecto de la verdadera libertad comienza por la aceptación de nuestras pequeñeces y de nuestras dolorosas verdades, nos tapamos los ojos y llenamos nuestras manos con piedras intolerantes. Somos prontos para la intolerancia. Nos hallamos estancados en nuestros discursos y contradiscursos, dispuestos a acusar a los otros, antes que a revisar lo propio. El miedo ciego es reivindicador y lleva a menudo a despreciar lo distinto, a no ver lo complementario; a ridiculizar y censurar al que piensa diferente, lo cual es una nueva forma de presionar y lograr poder. No reconocer las virtudes y grandezas de los otros, por ejemplo, reduciéndolos a lo vulgar, es una estrategia común de la mediocridad cultural de nuestros tiempos. ¡Que no sobresalgan! ¡Que no nos desafíen...a ver si todavía tenemos que salir de nuestro adormecimiento, de nuestra cómoda paz de los cementerios! *¡Pensar que es el hijo de José!, decían...,* anticipo en palabras de lo que sucedería en los hechos; y Jesús ya recibía el primer piedrazo de nuestra vulgaridad.

La difamación y el chisme, la trasgresión con mucha propaganda, el negar los límites, bastardear o eliminar las instituciones, son parte de una larga lista de estratagemas con las que la mediocridad se encubre y protege, dispuesta a desbarrancar ciegamente todo lo que la amenace. Es la época del «pensamiento débil». Y si una palabra sabia asoma, es decir, si alguien que encarna el desafío de la sublimidad aun a costa de no poder cumplir muchos de nuestros anhelos, entonces nuestra mediocridad no se para hasta despeñarlo. Despeñados mueren próceres, prohombres, artistas, científicos, o simplemente cualquiera que piense más allá del inconsciente discurso dominante. No los descubrimos sino tarde. Despreciamos al «hijo del carpintero»... Pero no hay empacho en poner en el candelero la luz fatua de cualquier perversión, refregada día y noche por la imagen y la abundante información; un embeleso de voyeurismo donde todo está permitido, donde el goce marketinero de lo morboso parece atrapar los sentidos y los sumerge en la nada. Prohibido pensar y crear.

Prohibido el arrojo, el heroísmo y la santidad. Para estos ciegos tampoco son bien vistos lo sugerente y lo sutil, la armonía propia de lo bello, porque implican el trabajo modesto y humilde del talento.

La vitalidad y creatividad de un pueblo, y de todo ser humano, sólo se da y se puede contemplar luego de un largo camino acompañado de limitaciones, de intentos y fracasos, de crisis y reconstrucción... Y el pecado mayor de todos los cultores de la ceguera es el vacío de identidad que producen, esa terrible insatisfacción que nos proyectan y no permiten que nos sintamos a gusto en nuestra propia patria. Se despoja lo identitativo profundo y se propone una identidad «artificial», «de cartón», maquillada, de utilería. Es la contraposición entre lo identitativo de un pueblo y esa otra identidad importada, construida a uso y conveniencia de sectores privados. Jesús, dejando a los ciegos, elige el sendero humilde que lo lleva al pueblo fiel, el que se admira con sencillez ante esa doctrina que devuelve la vista a los ciegos que desean ver.

¿Qué vemos cuando se nos permite abrir los ojos? Vemos a Dios escabullido en medio de su pueblo, caminando con su pueblo.

Vemos a un Jesús con los pies en la tierra, cultivando corazones como buen Sembrador (y cultivar es la raíz de cultura), elaborando la verdadera comida del espíritu, ésa que cimienta la comunión entre los habitantes de la Nación. Se trata de esa comida espiritual, ese pan que, partido, permite ver; el que se saborea acompañando a los que sufren cotidianamente, sin pretender sacar provecho o rédito; el que abraza a todos aun a los que no lo reconocen.

El que, con su misericordia, se hace cargo de miserias y maldades, sin adulaciones ni justificativos demagógicos, sin conceder a modas y costumbres.

Es sabiduría: el pan que nos abre los ojos y nos previene de la ceguera de la mediocridad, proponiéndonos una vida que tiende hacia lo mejor y no la ética del minimalismo o el eticismo exquisito de laboratorio, a la vez es la Sabiduría que comprende profundamente y perdona todo.

Es el pan que nos hace sentir el respaldo que da la sapiencial constancia de recorrer y de tocar el dolor humano concreto, sin mediaciones ideológicas ni interpretaciones evasivas o hechas para la opinión pública.

Y porque se da como Pan, es la Sabiduría que con su testimonio y su palabra sabe que el alma de un pueblo crece cuando hay trabajo del espíritu en lo más profundo, sensible y creativo. Ése es su incansable desafío educativo, lejos de la pura información enciclopedista o tecnocrática, más lejos aún de la subordinación a esquemas de poder. Porque su verdadero poder es el del amor infinito y confiado de Dios, que no se ata a razas ni a formas culturales ni a sistemas, sino que les da su sentido y significado último: ayudar a ser y disfrutar de la alegría de ser, que exige renuncia y se resiste a quedar encerrado en los propios horizontes mezquinos.

Liberarnos de nuestra mediocridad

La ceguera del alma nos impide ser libres. En el episodio evangélico de hoy, muchos de los que anhelaban la libertad, al levantar sus piedras intolerantes, demostraban la misma crueldad que el imperio invasor. Querían librarse del enemigo de afuera sin aceptar al enemigo interior. Y sabemos que copiar el odio y la violencia del tirano y del asesino es la mejor manera de ser su heredero. Por eso, cuando Jesús propone, siguiendo a Isaías, la liberación de la cautividad y la opresión, podemos preguntarnos: ¿de qué cautividad y de cuál opresión? Y responder: primero la de nosotros mismos: la de nuestra desorientación e inmadurez, para poder reclamar la libertad de opresiones externas. Si las cadenas fueran de hierro, si la presencia de ejércitos externos fuera evidente, lo sería también la necesidad de libertad. Pero cuando la cautividad proviene de nuestras sangrantes heridas y luchas internas, de la ambición compulsiva, de las componendas de poder que absorben las instituciones, entonces ya estamos cautivos de nosotros mismos. Una cautividad que se expresa –entre otras cosas- en la dinámica de la exclusión. No sólo la exclusión que se hace a través de las estructuras injustas, sino también las que potenciamos nosotros, esa otra forma de exclusión por medio de actitudes: indiferencia, intolerancia, individualismo exacerbado, sectarismo. Excluimos de la identidad y quedamos cautivos de la máscara; excluimos de la identidad y resquebrajamos la pertenencia...porque «identificarse» supone «pertenecer». Sólo desde la pertenencia a un pueblo podemos entender el hondo mensaje de su historia, los rasgos de su identidad. Toda otra maniobra de afuera es nada más que un eslabón de la cadena, en todo caso hay un cambio de amos, pero el status es el mismo.

La propuesta es liberarnos de nuestra mediocridad, esa mediocridad que es el mejor narcótico para esclavizar a los pueblos. No hacen falta ejércitos opresores. Parafraseando a nuestro poema nacional podemos decir que un pueblo dividido y desorientado ya está dominado.

Una confusa cultura mediática mediocrizada nos mantiene en la perplejidad del caos y de la anomia, de la permanente confrontación interna y de «internas», distraídos por la noticia espectacular para no ver nuestra incapacidad frente a los problemas cotidianos. Es el mundo de los falsos modelos y de los libretos. La opresión más sutil es entonces la opresión de la mentira y del ocultamiento,...eso sí: a base de mucha información, información opaca y, por tal, equívoca.

Curiosamente tenemos más información que nunca y, sin embargo, no sabemos qué pasa. Cercenada, deformada, reinterpretada, la sobreabundante información global empacha el alma con datos e imágenes, pero no hay profundidad en el saber. Confunde el realismo con el morbo manipulador, invasivo, para el que nadie está preparado pero que, en la paralizante perplejidad, obtiene réditos de propaganda. Deja imágenes descarnadas, sin esperanza.

El alma de nuestro pueblo

Pero gracias a Dios, nuestro pueblo también conoce el camino humilde del machacar diario, el mismo de tantos años de vida oculta. El de apostar al bien y sostener sin estar seguros del resultado. Conoce el silencio dolorido y pacífico pero –a la vez- rebelde, de muchos años de desencuentros, promesas falsas, violencias e injusticias expoliadoras. Sin embargo, encara diariamente sus tareas, con mucho desgaste social y un tendal de marginaciones. Año a año renueva su confiada espera marchando peregrino a tantos lugares donde Dios y su Madre lo esperan para el diálogo reconfortante, fortalecedor.

Este pueblo no cree en las estratagemas mentirosas y mediocres. Tiene esperanzas pero no se deja ilusionar con soluciones mágicas nacidas en oscuras componendas y presiones del poder. No lo confunden los discursos; se va cansando de la narcosis del vértigo, el consumismo, el exhibicionismo y los anuncios estridentes. Para su conciencia colectiva- ésa que brota del alma profunda de nuestro pueblo- estas cosas son sólo «piedrazos». Nuestro pueblo sabe, tiene alma, y porque podemos hablar del alma de un pueblo, podemos hablar de una hermenéutica, de una manera de ver la realidad, de una conciencia. Advierto en nuestro pueblo argentino una fuerte conciencia de su dignidad. Es una conciencia histórica que se ha ido moldeando en hitos significativos. Nuestro pueblo sabe que la única salida es el camino silencioso, pero constante y firme. El de proyectos claros, previsibles, que exijan continuidad y compromiso de todos los actores de la sociedad y con todos los argentinos. Nuestro pueblo quiere vivir y realizar la convocatoria del Cristo que camina entre nosotros, animando nuestros corazones, uno a uno, reavivando las reservas de nuestra memoria cultural. Nuestro pueblo sabe y quiere porque ama la Creación del Padre y lo comunitario, como lo hicieron y lo hacen nuestros aborígenes; porque se arroja y compromete con sus ideales, como nos lo legaron los españoles que poblaron nuestro suelo; porque es humilde, piadoso y festivo como nuestros criollos; porque es laborioso e incansable como nuestros mayores inmigrantes.

Vimos al Señor proclamando su mensaje en medio de su pueblo. Observamos cómo las élites ilustradas no toleran el paciente camino cotidiano de los humildes y sencillos y, llevados de su histeria exquisita, procuran desbarrancar y apedrear. Señalamos los valores de un pueblo con Dios metido en su humilde sendero. Recorrimos nuestro camino histórico como pueblo y observamos nuestras contradicciones. Notamos la necesidad de ser curados de nuestra ceguera y librados de la cautividad y la opresión. La apelación sapiencial que hoy podemos hacer, inspirándonos en el Evangelio es a todas luces muy clara: toda transformación profunda que se encamine hacia la serenidad de espíritu, hacia la convivencia y hacia una mayor dignidad y armonía en nuestra Patria, solamente puede lograrse desde nuestras raíces; apelando a la conciencia que busca y se duele, que goza y se compromete con los otros, que acepta el orden pacificador de la ley justa y la memoria de los logros colectivos que van formando nuestro ser común. Apelando a la conciencia que no se pierde en la ceguera de las contradicciones secundarias, sino que se concentra en los grandes desafíos, y que además compromete sus recursos prioritarios para hacer de esto su proyecto educativo, para todas las generaciones y sin límites.

La Palabra, como la historia, nos deja un código donde espejarnos. Pero, además, hay también espejismos. Hoy como siempre los argentinos debemos optar. No hacerlo es ya una opción, pero trágica. O elegimos el espejismo de la adhesión a la mediocridad que nos enceguece y esclaviza o nos miramos en el espejo de nuestra historia, asumiendo también todas sus oscuridades y antivalores, y adherimos de corazón a la grandeza de aquellos que lo dejaron todo por la Patria, sin ver los resultados, de aquellos que transitaron y transitan el camino humilde de nuestro pueblo, siguiendo las huellas de ese Jesús que pasa en medio de los soberbios, los deja desconcertados en sus propias contradicciones y busca el camino que exalta a los humildes, camino que lleva a la cruz, en la que está crucificado nuestro pueblo, pero que es camino de esperanza cierta de resurrección; esperanza de la que todavía ningún poder o ideología lo ha podido despojar.

TE DEUM
25 DE MAYO DE 2006
LAS BIENAVENTURANZAS

REFERENCIA DE CONTEXTO

La presidencia de la Nación está a cargo de Néstor Kirchner. En la Ciudad de Buenos Aires, Jorge Telerman ha asumido como Jefe de Gobierno, tras la destitución del Dr. Aníbal Ibarra.

CLAVES PARA LA LECTURA Y LA REFLEXIÓN

Es una de las más extensas homilías y toma como referencia el texto de las Bienaventuranzas según el Evangelio de Mateo.

Comienza con una expresión de deseo: *"Nos busquemos aplicarlas críticamente a los demás, sino que las recibamos enteras, todos..."*

Reconoce en ellas, la posibilidad y el llamado a *"confrontarnos con este testimonio que brota del sentimiento íntimo de Jesús"*.

Con ellas el Señor *"nos indica el camino por donde los seres humanos podemos encontrar la felicidad... y nos proporciona el espejo donde mirarnos."*

Construye el desarrollo de la homilía tomando el significado de cada Bienaventuranza y contraponiendo su opuesto. Así, por ejemplo: *"La alegría que sólo experimentamos cuando tenemos alma de pobres"*, contrapuesta a *"la "malaventuranza" de una permanente insatisfacción, del encubrimiento del vacío y la miseria interior con sustitutos de poder, de imagen, de dinero"*. La aflicción por no poder alcanzar la plenitud de la paz y sin embargo apostar al amor de la entrega y la malaventuranza de no aceptar el dolor del tiempo. Esa aceptación del tiempo -no la búsqueda del inmediatismo- la considera como paciencia o mansedumbre, que no tienen nada que ver con la cobardía o la indolencia.

Denuncia como contrario a la mansedumbre de la bienaventuranza, la malaventuranza del *"internismo constante, de la constante exclusión del que creemos contrario, de la difamación y la calumnia como espacio de confrontación y choque"*.

Invoca *"la fuerza transformadora de la amistad social como fuente de felicidad"*. La que cultivan los pobres y pequeños, que sólo se satisface cuando se da por completo a los otros.

Contrapone los que trabajan por la paz y aceptan la ley, a quienes se creen vivos y ganadores en el marco de la anomia *"donde sólo sobrevive el pícaro y el coimero"*.

El primero es el *"camino de los justos, el que emprenden los que tienen hambre y sed de justicia. El segundo el camino de los desdichados que pagan muy caro el drenaje de la cultura hacia lo superficial y el escándalo marketinero"*.

A los limpios de corazón que no temen poner en juego sus ideales porque aman la pureza de sus convicciones vividas, y *"se rebelan por cambiar el mundo y dejan de dormir en la inercia "del no vale la pena""*, se oponen quienes se dejan atomizar por las ocurrencias, las ofertas fáciles o el pasar el momento.

Introduce el concepto de ciudadanía y lo aleja de la función técnico-administrativa. *"No se es ciudadano por el solo hecho de votar, sino por la vocación y el empeño de construir una Nación soberana"*.

Obviamente finaliza con la Bienaventuranza de quienes soportan el rechazo y la persecución por causa de la justicia. Y describe cuál es esa causa: *"Es la lucha por todo bien y verdad que tiende a la plenitud por el deseo de ser hermanos en esta tierra, es decir, aceptarnos diferentes en la igualdad"*.

Los últimos párrafos son elocuentes y de una gran contundencia al describir las contradicciones que ofrece la realidad. *"El mismo Jesús sufrió toda clase de injurias e inventos maliciosos, vio cómo facciones rivales se unían contra él. Oyó falsos testimonios de los desinformadores, tuvo defensores imprudentes que ensayaron rigideces y se quedaron con la realidad de su cobardía. Conoció la traición de los que señalaban con la izquierda y cobraban denarios por la derecha"*.

Homilía

Evangelio según san Mateo 5, 1-12

Al ver a la multitud, Jesús subió a la montaña, se sentó, y sus discípulos se acercaron a él.

Entonces tomó la palabra y comenzó a enseñarles, diciendo:

Felices los que tienen alma de pobres, porque a ellos les pertenece el Reino de los Cielos.

Felices los mansos, porque recibirán la tierra en herencia.

Felices los que lloran, porque serán consolados.

Felices los que tienen hambre y sed de justicia, porque serán saciados.

Felices los misericordiosos, porque obtendrán misericordia.

Felices los que tienen el corazón puro, porque verán a Dios.

Felices los que trabajan por la paz, porque serán llamados hijos de Dios.

Felices los que son perseguidos por practicar la justicia, porque a ellos les pertenece el Reino de los Cielos.

Felices ustedes, cuando sean insultados y perseguidos, y cuando se los calumnie en toda forma a causa de mí.

Alégrense y regocíjense entonces, porque ustedes tendrán una gran recompensa en el cielo; de la misma manera persiguieron a los profetas que los precedieron.

Llamados a construir la dicha

En este día de acción de gracias por la Patria escuchamos el pasaje de las Bienaventuranzas que nos hablan de dicha y de bendición, de horizonte gozoso de ser. Jesús, el "Testigo Veraz" de la alegría de ser porque dio su vida por la bienaventuranza de todos, nos ilumina y nos nutre hoy con su programa. Las Bienaventuranzas el Señor las dijo para todos y, si es verdad que marcan con claridad nuestras zonas de sombra y de pecado, también es verdad que comienzan con una bendición y terminan con una promesa que nos consuela. Dios congregó a su pueblo en torno a la verdad, al bien y a la belleza que proclaman las Bienaventuranzas. Ojalá que al escucharlas no busquemos aplicarlas críticamente a los demás, sino que las recibamos enteras todos, cada uno con corazón simple y abierto, y permitamos que la Palabra nos congregue una vez más, siempre en la esperanza de construir la Nación que nos debemos. En el día de la Patria nos hará bien hacer un breve recorrido por estas Bienaventuranzas; cada uno de nosotros reflexionando pausadamente en ellas y preguntándonos qué significan hoy para mí, no para el que tengo al lado o para el vecino de enfrente. Recorrer las Bienaventuranzas lentamente, en una especie de "cadencia sapiencial", procurando que su significado me llegue al corazón.

Hoy nos sentimos llamados –todos, sin excepción- a confrontarnos con este testimonio que brota del sentimiento íntimo de Jesús. Estamos llamados a una vocación: construir la dicha, unos por los otros: es lo que nos llevaremos de este mundo. En las Bienaventuranzas el Señor nos indica el camino por donde los seres humanos podemos encontrar la felicidad más auténticamente humana y divina. Nos proporciona el espejo donde mirarnos, el que nos deja saber si vamos por el sendero de serenidad, de paz y de sentido en que podemos disfrutar de nuestra existencia en común. La Bienaventuranza es simple y, por eso mismo, es un trayecto por demás exigente y un espejo que no miente. Rehúye al eticismo descomprometido y a la moralina barata.

En la conmemoración de las jornadas de Mayo, volvemos a aquellos padres de la Patria quienes, en su gesta, soñaron la bienaventuranza para nuestros pueblos que aspiran a crear ciudadanía. También en aquellos tiempos jugaban las ilusiones… y la pureza de la inspiración de los ideales se entrecruzaba con las ambiciones fáciles, algunas veces oscuras. Después de todo, ello es parte de la historia de todos los pueblos, y no venimos a juzgar ni pretender separar el trigo de la cizaña, sino a celebrar el legado del que nacimos, porque a pesar de las miserias y con ellas, tenemos un hogar. Venimos a celebrar pero no debemos dejar d preguntarnos si sigue siendo vocación nuestra el concretar aquellos deseos de bienaventuranza, si el ser ciudadanos se nos ha devaluado hasta llegar a ser un mero trámite o sigue siendo el llamado hondo a procurar la alegría y la satisfacción de construir juntos un hogar, nuestra Patria.

Necesitamos de la amistad social

El Señor comienza hablando de la alegría que sólo experimentamos cuando tenemos alma de pobres. En nuestro pueblo más humilde encontramos mucho de esta bienaventuranza: la de los que conocen la riqueza de la solidaridad, la riqueza del compartir lo poco, pero compartirlo; la riqueza del sacrificio diario de un trabajo, a veces inestable y mal pago, pero hecho por amor a los suyos; la riqueza incluso de las propias miserias pero que, vividas con confianza en la providencia y en la misericordia de nuestro Padre Dios, alimentan en nuestro pueblo esa grandeza humilde de saber pedir y ofrecer perdón, renunciando al odio y la violencia. Sí, la riqueza de todo pobre y pequeño, cuya fragilidad y vulnerabilidad expuesta le hace conocer la ayuda, la confianza y la amistad sincera que relativiza las distancias. Para ellos, dice Jesús, es "el Reino de los Cielos"; sólo así, imitando esa misericordia de Dios, se obtiene un alma grande capaz de abarcar y comprender, es decir de *"obtener"*, como dice el Evangelio, misericordia.

Necesitamos de la amistad social que cultivan los pobres y los pequeños, la que sólo satisface cuando se da por completo a los otros.

Dios nos libre de la "malaventuranza" de una permanente insatisfacción, del encubrimiento del vacío y la miseria interior con sustitutos de poder, de imagen, de dinero. La pobreza evangélica, en cambio, es creativa, comprende, sostiene y es esperanzada; desecha la "actuación" que sólo procura impresionar; no necesita propaganda para mostrar lo que hace, ni recurre al juego de fuerzas para imponerse. Su poder y autoridad nace de la convocatoria a una confianza, no de la manipulación, el amedrentamiento o la prepotencia.

Felices son también los corazones que se *"afligen"*. Los que lloran por el desgarro entre el deseo de esa plenitud y de esa paz que no se alcanzan y postergan, y un mundo que apuesta a la muerte. Felices los que por esto lloran, y llorando apuestan al amor aunque se encuentren con el dolor de lo imposible o de la impotencia. Esas lágrimas transforman la espera en trabajo en favor de los que necesitan y en siembra para que cosechen las generaciones por venir. Esas lágrimas transforman la espera en solidaridad verdadera y compromiso con el futuro.

Por ello, felices, entonces, los que no juegan con el destino de otros, los que se animan a afrontar el desafío de construir sin exigir ser protagonistas de los resultados, porque no le tienen miedo al tiempo. Felices los que no se rinden a la indolencia de vivir el instante sin importar para qué o a costa de quiénes, sino que siempre cultivan a largo plazo lo noble, lo excelente, lo sabio, porque creen más allá de lo inmediato que viven y logran.

Felices los mansos

La "malaventura" es precisamente lo contrario: no aceptar el dolor del tiempo, negarse a la transitoriedad, mostrarse incapaz de aceptarse como uno más del pueblo, uno más de esa larga cadena de esfuerzos continuos que implica construir una nación. Tal vez ésta ha sido una causa de tantas frustraciones y fracasos que nos han llevado a vivir en vilo, en permanente sobresalto. En el hábito de polarizar y excluir, en la recurrencia de crisis o emergencias, los derechos pierden terreno, el sistema se debilita y se lo vacía indirectamente de legitimidad. Los mayores precios son pagados entonces por los más pobres, y crecen las posibilidades de oportunistas y ventajeros.

Justamente este apostar al tiempo y no al momento es lo que Jesús ensalza como paciencia o mansedumbre. *Felices los pacientes porque recibirán la tierra en herencia.*

Es bueno recordar que no es manso el cobarde e indolente sino aquel que no necesita imponer su idea, seducir o ilusionar con mentiras, porque confía en la atracción -a la larga irresistible- de la nobleza. Por eso nuestros hermanos hebreos llamaban a la verdad *"firmeza"* y *"fidelidad"*: lo que se sostiene y convence porque es contundente, lo que se mantiene a lo largo del tiempo porque es coherente. La intemperancia y la violencia, en cambio, son inmediatistas, coyunturales, porque nacen de la inseguridad de sí mismo. Feliz por eso el manso, el que se mantiene fiel a la verdad y reconoce las contradicciones y las ambigüedades, los dolores y fracasos, no para vivir de ellos, sino para sacar provecho de fortaleza y constancia.

Desdichado el que no se mantiene mansamente en la verdad, el que no sabe en qué cree, el ambiguo, el que cuida a toda costa su espacio e imagen, su pequeño mundito de ambiciones. A éste -tarde o temprano- sus miedos le estallarán en agresión, en omnipotencia e improvisación irresponsable. Desdichado el vengativo y el rencoroso, el que busca enemigos y culpables sólo afuera, para no convivir con su amargura y resentimiento, porque con el tiempo se pervertirá, haciendo de estos sentimientos una pseudo-identidad, cuando no un negocio.

¿Cuántas veces hemos caído los argentinos en la "malaventuranza" de no haber sabido conservar tal mansedumbre? En la "malaventuranza" del internismo, de la constante exclusión del que creemos contrario, de la difamación y la calumnia como espacio de confrontación y choque. Desdichadas actitudes que nos encierran en el círculo vicioso de un enfrentamiento sin fin. ¿Cuántos de estos caprichos y arrebatos de salida fácil, de "negocio ya", de creer que nuestra astucia lo resuelve todo, nos han costado atraso y miseria? ¿No reflejan acaso nuestra inseguridad prepotente e inmadura?

Felices, en cambio, si nos dejamos convocar por la fuerza transformadora de la amistad social, ésa que nuestro pueblo ha cultivado con tantos grupos y culturas que poblaron y pueblan nuestro país. Un pueblo que apuesta al tiempo y que conoce la mansedumbre del trabajo, el talento creativo e investigador, la fiesta y la solidaridad espontánea, un pueblo que supo ganar o *"heredar la tierra"* en la que vive.

La anomia como malaventuranza

Éste es el verdadero trabajo por la paz, como dice otra de las Bienaventuranzas, el que incluye y recrea, el que invita a convivir y compartir aun a los que parecen adversarios o son extranjeros. El que piensa del otro: éste no puede ser sino *'hijo de Dios'*; hijo de lo alto en su fe e hijo de esta tierra en su cultura. La paz comienza a afianzarse cuando miramos al otro como hijo de Dios, como hijo de la Patria. Por eso decimos hoy: felices aquellos de nuestros mayores que trabajaron por la paz para nuestros pueblos y se dejaron pacificar por la ley, esa ley que acordamos como sistema de vida y a la que una y otra vez debemos volver a poner en lo más alto de nuestros corazones.

¡Pobre el que burla la ley, gracias a la cual subsistimos como sociedad! Ciego y desdichado es, en el fondo de su conciencia, el que lesiona lo que le da dignidad. Aunque parezca vivo y se jacte de gozos efímeros ¡qué carencia! La anomia es una "malaventuranza": esa tentación de "dejar hacer", de "dejar pasar", ese descuidar la ley, que llega hasta la pérdida de vidas; esa manera de malvivir sin respetar reglas que nos cuidan, donde sólo sobrevive el pícaro y el coimero, y que nos sumerge en un cono de sombra y desconfianza mutua. Qué dicha en cambio siente uno cuando se hace justicia, cuando sentimos que la ley no fue manipulada, que la justicia no fue sólo para los adeptos, para los que negociaron más o tuvieron peso para exigir, ¡qué dicha cuando podemos sentir que nuestra Patria no es para unos pocos! Los pueblos que a menudo admiramos por su cultura, son los que cultivan sus principios y leyes por siglos, aquellos para los cuales su *ethos* es sagrado, a pesar de tener flexibilidad frente a los tiempos cambiantes o las presiones de otros pueblos y centros de poder.

Qué desventurados en cambio somos cuando malusamos la libertad que nos da la ley para burlarnos de nuestras creencias y convicciones más profundas, cuando despreciamos o ignoramos a nuestros próceres o al legado de nuestro pasado, cuando incluso renegamos de Dios, desentendiéndonos de que en nuestra Carta Magna lo reconocemos "fuente de toda razón y justicia".

El maduro acatamiento de la ley, en cambio, es el del sabio, el del humilde, el del sensato, el del prudente que sabe que la realidad se transforma a partir y contando con ella, convocando, planificando, convenciendo, no inventando mundos contrapuestos, ni proponiendo saltos al vacío desde equívocos vanguardismos.

Hambre y sed de justicia

Éste el camino de los justos; el que emprenden los que tienen hambre y sed de justicia y que, al vivirla, "ya son saciados" como nos dice el Evangelio. Feliz el que cultiva el anhelo de esa justicia que tanto procuramos a lo largo de nuestra historia; anhelo que posiblemente nunca se saciará por completo, pero que nos hace sentir plenos al entregarnos en pos de la mayor equidad. Porque la justicia misma estimula y premia al que arriesga y se desgasta por ella y da oportunidad al que trae esfuerzos genuinos y sólidos.

Feliz el que practica la justicia que distribuye según la dignidad de las personas, según las necesidades que esta dignidad implica, privilegiando a los más desprotegidos y no a los más amigos. Feliz el que tiene hambre y sed de esa justicia que ordena y pacifica, porque "pone límites a" los errores y las faltas, no las justifica; porque contesta el abuso y la corrupción, no la oculta ni encubre; porque ayuda a resolver y no se lava las manos, ni hace leña del árbol caído. Felices nosotros si la apelación a la justicia nos hace arder las entrañas cuando vemos la miseria de millones de personas en el mundo.

Desdichados en cambio si no nos quema el corazón ver cómo en las calles, en las mismas puertas de las escuelas de nuestros hijos, se comercian drogas para destruir generaciones, convirtiéndolas en presa fácil del narcotráfico o de los manipuladores de poder. Desdichados porque se paga muy caro el drenaje de la cultura hacia lo superficial y el escándalo marketinero, (expresiones de desprecio de la vivencia espiritual que buscan avivar el vacío); se pagan muy caro la mentiras y la seducción demagógica para transformarnos en simples clientes o consumidores. Abramos los ojos, no es esclavo el que esta encadenado, sino el que no piensa ni tiene convicciones. No se es ciudadano por el solo hecho de votar, sino por la vocación y el empeño construir una Nación solidaria.

Felices los limpios de corazón

Felices por eso los limpios de corazón que no temen poner en juego sus ideales, porque aman la pureza de sus convicciones vividas y transmitidas con intensidad sin esperar los aplausos, el relativo juicio de las encuestas o la ocasión favorable de mejores posiciones. No cambian su discurso para acceder a los poderosos ni lo vuelven a desvestir para ganarse el aplauso efímero de las masas. Bienaventurados los limpios de corazón que informan, piensan y hacen pensar sobre estas cosas fundamentales y no nos quieren distraer con hechos secundarios o banales. Los que no entregan su palabra o su silencio a los que dominan, ni quedan atrapados en sus dictados.

Bienaventurados los jóvenes limpios de corazón que se juegan por sus deseos nobles y altos, y no se dejan arrastrar por la desilusión de las mentiras y la absurda inmadurez de muchos adultos. Los que se animan al compromiso más puro de un amor que los arraigue en el tiempo, que los haga íntegros por dentro, que los una en un proyecto. Los que no se dejan atomizar por las ocurrencias, las ofertas fáciles o el pasar el momento. Felices si se rebelan por cambiar el mundo y dejan de dormir en la inercia "del no vale la pena". La bienaventuranza es una apuesta trabajosa, llena de renuncias, de escucha y aprendizaje, de cosecha en el tiempo, pero da una paz incomparable. Felices si seguimos el ejemplo de los que se animan a vivir con coherencia aunque no sean mediáticos.

La lucha por el bien y la verdad

Posiblemente la pureza de un corazón que ama sus convicciones, provoque rechazo y persecución. De hecho, Jesús sufrió el rechazo de nuestra necedad cada vez que removió nuestra maldad más profunda hipócritamente disfrazada. Y sin embargo allí también nos llama a ser felices. Felices los *"perseguidos por causa de la justicia"* que para él y para sus compatriotas era la de Dios y su Reino. Y nos llama a la alegría incluso cuando nuestras convicciones coherentes despierten no sólo rechazo, sino calumnias, insultos y persecución.

Por supuesto que no se trata ni de la actitud del temerario que necesita de la rebeldía o del coqueteo con la muerte para sentirse alguien, ni del que exhibe denuncias, protestas o escisiones para sacar réditos personales. Tampoco bendice Jesús la rigidez cobarde del soberbio que utiliza la verdad para no arriesgarse a la misericordia.

La causa no es de opacas idealizaciones, sino de amor: es persecución por él, por su persona, por la vida que transmite y, por tanto, por la lucha en favor de todo ser humano y sus derechos. Es lucha por todo bien y verdad que tienda a la plenitud; por el deseo de ser hermanos en esta tierra, es decir, de aceptarnos diferentes en la igualdad.

Felices si somos perseguidos por querer una Patria donde la reconciliación nos deje vivir, trabajar y preparar un futuro digno para los que nos suceden. Felices si nos oponemos al odio y al permanente enfrentamiento, porque no queremos el caos y el desorden que nos deja rehenes de los imperios. Felices si defendemos la verdad en la que creemos, aunque nos calumnien los mercenarios de la propaganda y la desinformación.

El mismo Jesús sufrió toda clase de injurias e inventos maliciosos, vio cómo facciones rivales se unían contra él; oyó falsos testimonios de los desinformadores; tuvo defensores imprudentes que ensayaron rigideces y se quedaron con la realidad de su cobardía. Conoció la traición de los que señalaban con la izquierda y cobraban denarios con la derecha.

Felices, queridos hermanos, si construimos un país donde el bien público, la iniciativa individual y la organización comunitaria no pugnen ni se aíslen, sino que entiendan que la sociabilidad y la reciprocidad son la única manera de sobrevivir y, Dios mediante, de crecer ante la amenaza de la disolución.

Nadie puede llegar a ser grande si no asume su pequeñez. La invitación de las Bienaventuranzas es un llamado que nos apremia desde la realidad de lo que somos, nos entusiasma, lima los desencuentros. Nos encamina en un sendero de grandeza posible, el del espíritu, y cuando el espíritu está pronto todo lo demás se da por añadidura.

Animémonos, pues, con el espíritu valiente y pleno de coraje, aun en medio de nuestras pobrezas y limitaciones; y pidámosle a Dios que nos acompañe y fortalezca en la búsqueda de las Bienaventuranzas de todos los argentinos.

TE DEUM
25 DE MAYO DE 2010

REFERENCIA DE CONTEXTO

La presidencia de la Nación se encuentra a cargo de la Dra. Cristina Fernández de Kirchner. En la jefatura de Gobierno de la Ciudad de Buenos Aires, cumple sus funciones el Ing. Mauricio Macri.

CLAVES PARA LA LECTURA Y LA REFLEXIÓN

Con motivo de la conmemoración del Bicentenario del Primer Gobierno Patrio, en todos los *Te Deum* del país se leyó una misma declaración.

Al comenzar la celebración, el Sr. Arzobispo recordó el carácter religioso del *Te Deum*: adorar, dar gracias a Dios y pedir por la Patria. A continuación se leyeron los textos bíblicos del Deuteronomio 29, 9-14 y el Evangelio de san Mateo 5, 1-12. Luego, el Sr. Arzobispo expresó que para estar unido a los Obispos que celebraban en sus respectivas Diócesis el *Te Deum*, leería la Declaración del Episcopado del pasado 10 de marzo de 2010:

HOMILÍA

La Patria es un don, la Nación una tarea[3]

1. La celebración del Bicentenario merece un clima social y espiritual distinto al que estamos viviendo. Urge recrear las condiciones políticas e institucionales que nos permitan superar el estado de confrontación permanente que profundiza nuestros males. La situación actual requiere una actitud de grandeza de parte de todos los argentinos, en particular de sus dirigentes. También nosotros, como pastores, nos sentimos interpelados por esta situación y no nos excluimos del examen de conciencia que se debe hacer.

2. La que sufre es la Nación toda; no es momento para victimizarnos ni para procurar ventajas sectoriales. "Aunque a veces lo perdamos de vista, la calidad de vida de las personas está fuertemente vinculada a la salud de las instituciones de la Constitución cuyo deficiente funcionamiento produce un alto costo social"[4]. La calidad institucional es el camino más seguro para lograr la inclusión de todos en la comunidad nacional. Por eso, es necesario que los poderes del Estado, de acuerdo a su naturaleza, actúen respetando su legítima autonomía y complementándose en el servicio al bien común.

3. Si toda la Nación sufre, más duramente sufren los pobres. Éste es un reclamo del cual nos volvemos a hacer eco, porque se trata de una deuda que sigue vigente, y que se lee "en los rostros de miles de hermanos que no llegan

---

3. *Declaración de la 155ª Reunión de la Comisión Permanente de la Conferencia Episcopal Argentina* (Miércoles 10 de marzo de 2010).

4. Cea. *"Hacia un Bicentenario en justicia y solidaridad. 2010-2016"*, n° 35.

a vivir conforme a su dignidad de hijos de Dios"[5]. Por ello, es el momento de privilegiar la sanción de leyes que respondan a las necesidades reales de nuestro pueblo, y no de detenerse en opciones fijadas por intereses que no tienen en cuenta la naturaleza de la persona humana, de la familia y de la sociedad.

4. La Patria es un don que hemos recibido, la Nación, una tarea que nos convoca y compromete nuestro esfuerzo. Asumir esta misión con espíritu fraterno y solidario es el mejor modo de celebrar el Bicentenario de nuestra Patria.

5. Los cristianos invitamos a todos los hombres y mujeres de buena voluntad a unirse a nosotros en la oración para invocar al Señor, que es la fuerza de su pueblo, y a pedirle por nuestra querida Patria argentina: "Salva a tu pueblo y bendice a tu herencia; apaciéntalos y sé su guía para siempre"[6]. Una vez más ponemos estos deseos y esperanzas en las manos de Nuestra Madre de Luján.

---

5. Cea. *"Afrontar con grandeza nuestra situación actual"*, n°11.

6. Salmo 28 (27), 8-9.

TE DEUM
25 DE MAYO DE 2011
LA REVELACIÓN DEL EVANGELIO A LOS HUMILDES

REFERENCIA DE CONTEXTO

La presidencia de la Nación está a cargo de la Dra. Cristina Fernández de Kirchner. El Jefe de Gobierno de la Ciudad de Buenos Aires es el Ing. Mauricio Macri.

CLAVES PARA LA LECTURA Y LA REFLEXIÓN

Esta homilía toma como punto de partida la proclamación que Jesús hace de su filiación divina y su carácter de único conocedor del Padre y, a la vez, único depositario del amor del Padre que él, Jesús, comparte con sus elegidos.

Y como complemento de lo anterior se constituye como receptor de afligidos y agobiados, planteándose como modelo de paciencia y humildad de corazón.

Sobre ésta última afirmación se desarrolla la reflexión. La afirmación teológica inicial plantea claramente que el Amor del Padre hacia su Hijo, se extiende a través de él a todos los afligidos y agobiados. La experiencia de sentirse el Hijo Amado, fundamenta su humildad y su paciencia.

La humildad es definida como la conciencia de los propios dones y a su vez de los propios límites. Ella nos permite superar la ceguera de la soberbia.

Atribuye a quienes crearon la gesta de mayo la capacidad de apostar a la grandeza *"sin perder conciencia de su pequeñez"*. Y remata la afirmación señalando que *"intereses y tendencias distintas no ahogaron la semilla que fue creciendo en sacrificio, heroísmo y entrega amorosa al deseo de construir la Patria"*.

Como corolario de lo anterior concluye: *"No cimentaron la Patria en delirios de grandezas desafiantes y poco creíbles, sino en el cotidiano construir, luchar, equivocarse y rectificarse"*. Incluye en el desarrollo histórico de ese proceso iniciado en mayo de 1810, la presencia de *"intereses mezquinos, ambiciones personales y de grupo"*.

En un párrafo afirma: *"Si nosotros elegimos dormir el sueño de la autosuficiencia, si abandonamos la riqueza de lo humilde por creernos algo que no somos, dormiremos la pesadilla de un país que abandona su destino y será nuestra culpa y sólo nuestra"*.

Aparece el tema de la fraternidad, como en otras homilías pero acá en forma más contundente y reiterada. Pero no habla de una fraternidad ya dada de por sí, sino de una que es propia del pueblo sufriente y humilde contrapuesto a la soberbia de los poderosos: *«Así es como crece y se despliega la sabiduría de nuestro pueblo, silencioso y trabajador sin otra condición social más que la de ser humildes»*.

Claro que en todos los casos, lo hace con caridad y sin la hipocresía de ponerse en el lugar del bueno y humilde, sino que nos plantea a cada uno el hacernos como *«los* que saborean esa mística, los sabios de lo pequeño» para liberarnos «del yugo que nos imponemos cuando nos proponemos lo imposible, nos castigamos con lo irrealizable, nos atosigamos hasta deprimirnos con nuestras ambiciones y necesidad de ser reconocidos, de resaltar, o con nuestra mendicidad de afecto: no es otra cosa que el acumular poder y riqueza».

Y agrega: a la humildad de aceptar lo que podemos y somos, a tener la grandeza de compartir sin engaños y apariencias "...porque las ambiciones desmedidas sólo lograrán que el supuesto vencedor sea el rey de un desierto, de una tierra arrasada o el capataz de una propiedad foránea".

Completa la idea con la figura de quien califica como "el veleidoso o vanidoso". Y aclara: "Es el que confunde pactos de contubernio con organización, escaramuzas con lucha, ventajismo con horizonte de grandeza (...) Como carece de propuesta sólo enuncia reivindicaciones. Vive cuestionando, relativizando o transgrediendo porque sobrevive eternizando su adolescencia".

Para evitar una vez más la sectorización o una interpretación sesgada aclara: "Ninguno de nosotros está libre de veleidad (que) es probablemente un mal argentino, y tiene su castigo en la incapacidad de amar y recibir amor, escuchar al otro desde sí, hacerse cargo, compadecer, ser solidario, acompañar, sobrellevar los límites y diferencias, aceptar los límites y roles".

Antes de la invocación final, en forma de oración, una frase quiere resumir una parte importante del mensaje: "Desde la soberbia del ¨sálvese quien pueda¨ o el aprovechar el desconcierto para acumular poder ocasional, se provoca la desintegración".

Homilía

Evangelio según san Mateo 11, 25-30

En aquel tiempo, Jesús dijo: Te alabo, Padre, Señor del cielo y de la tierra, por haber ocultado estas cosas a los sabios y a los prudentes y haberlas revelado a los pequeños. Sí, Padre, porque así lo has querido. Todo me ha sido dado por mi Padre, y nadie conoce al Hijo sino el Padre, así como nadie conoce al Padre sino el Hijo y aquel a quien el Hijo se lo quiera revelar.

Vengan a mí todos los que están afligidos y agobiados, y yo los aliviaré. Carguen sobre ustedes mi yugo y aprendan de mí, porque soy paciente y humilde de corazón, y así encontrarán alivio. Porque mi yugo es suave y mi carga liviana.

Hijos amados y hermanados

Este pasaje del Evangelio nos sorprende con la íntima expresión orante, casi litúrgica, de Jesús que se empequeñece ante nuestros ojos a la vez que se abre al infinito de Dios en su calidez de Padre. Jesús descansa en su centro más profundo: el de sentirse Hijo amado, y hermanado en aquellos mismos pequeños que recibieron de sus manos ese amor del Padre.

Ese amor alivia, suaviza, apacienta y en él la vida deja de ser una carga. La solidaridad fraternal que crea quita el agobio y ese peso desmedido con el que nuestra propia presunción y obstinación ahogan el alma.

Dios nos hermana en Jesucristo, para que su amor cuidadoso, paciente, estimulante, nos libere de la ceguera y coraza del propio orgullo y vanidad, revelándonos que, en ese amor, una vida distinta es posible.

Hoy queremos dejarnos iluminar por ese amor de Dios para avivar el sueño memorable que nos acerca la historia de quienes nos precedieron, los que gastaron su vida para que pudiéramos estar aquí. Los que nos hermanaron en su amor a la Patria con su trabajo y lucha por ella, los que se dejaron inspirar en su fe para tener generosidad grande, entrega sin medida.

La memoria de nuestros padres: libertad y bien común

El pasaje evangélico nos habla de la humildad. La humildad revela, a la pequeñez humana autoconsciente, los potenciales que tiene en sí misma. En efecto, cuanto más conscientes de nuestros dones y límites, las dos cosas juntas, seremos más libres de la ceguera de la soberbia. Y así como Jesús alaba al Padre por esta revelación a los pequeños, deberíamos también alabar al Padre por haber hecho salir el sol de mayo en quienes confiaron en el don de la libertad, esa libertad que hizo brotar en el corazón de aquel pueblo que apostó a la grandeza sin perder conciencia de su pequeñez.

Intereses y tendencias distintas no ahogaron la semilla que fue creciendo en sacrificio, heroísmo y entrega amorosa al deseo de construir la patria.

La memoria de mayo nos señala el arrojo de quienes se fortalecieron en su humilde condición y no escatimaron sacrificios, renuncias, despojos y muerte para el largo camino de construir un hogar para todos los de buena voluntad que poblaron este suelo.

No cimentaron la Patria en delirios de grandezas desafiantes y poco creíbles, sino en el cotidiano construir, luchar, equivocarse y rectificarse.

Basta recorrer estos doscientos años para ver que hubo, como habrá siempre, intereses mezquinos, ambiciones personales y de grupo; pero sólo perduró lo que fue construido para todos, para el Bien Común de todos.

Elevando como Jesús nuestra mirada al Padre, reconoceremos a aquéllos que desde lo humilde, y sólo desde lo humilde, hoy como aquel entonces, pueden aportar y compartir. Aquellos que pudieron y pueden liberarse del peso de todo lo desmedido que podría haber en sus ambiciones, y cobran vuelo en iniciativas, creatividad y entrega a lo más noble.

En esa memoria nos re-descubrimos, se nos revela verdaderamente que el cariño de nuestro Padre Dios nos acompaña desde siempre en la grandeza humilde de muchos.

Pero sabemos también que nuestro buen Padre no se entromete en nuestra libertad, no interfiere ni cercena nuestras opciones. Si nosotros elegimos dormir el sueño de la autosuficiencia, si abandonamos la riqueza de lo humilde por creernos algo que no somos, dormiremos la pesadilla de un país que abandona su destino, y será nuestra culpa y sólo nuestra.

Nos sentimos llamados a pedir la gracia de renovar nuestro espíritu, despertar a nuestra verdad que, por dura que parezca, no deja de ser esperanzadora, ya que el que se encuentra consigo mismo, con los demás y con Dios, se encuentra con la verdad, y sólo la Verdad nos hace libres (Jn 8, 33).

Con aquel aliento de Dios que inspiró la vida al crearnos con sus manos, y que nos vuelve al sentirnos reconocidos como hijos en él, pedimos para nuestro espíritu la capacidad y prontitud de escuchar, pensar y sentir para actuar de acuerdo a nuestro horizonte y anhelo de grandeza, pero con los pies en la tierra.

Escuchar a lo alto como él escuchaba, ser oyentes (*obaudientes*) para que se revele la verdad en la medida que se devela nuestro orgullo. Escuchar al Señor que inspira cosas grandes en el silencio del corazón propio y del hermano, del amigo y del compañero. Ir reconstruyendo ese vínculo social desde lo consistente de la búsqueda común.

La sabiduría de nuestro pueblo

Así es como crece y se despliega la sabiduría de nuestro pueblo, silencioso y trabajador, sin otra condición social más que la de ser humildes.

La sabiduría de los que cargan la cruz del sufrimiento, de la injusticia, de las condiciones de vida con que se enfrentan al levantarse todas las mañanas para sacrificarse por los propios.

La sabiduría de los que cargan la cruz de su enfermedad, de sus dolencias y pérdidas poniendo el hombro como Cristo.

La sabiduría de *"miles de mujeres y de hombres que hacen filas para viajar y trabajar honradamente, para llevar el pan de cada día a la mesa, para ahorrar e ir de a poco comprando ladrillos y así mejorar la casa... Miles y miles de niños con sus guardapolvos desfilan por pasillos y calles en ida y vuelta de casa a la escuela, y de ésta a casa. Mientras tanto los abuelos, quienes atesoran la sabiduría popular, se reúnen a compartir y a contar anécdotas".*

Pasarán las crisis y los manipuleos; el desprecio de los poderosos los arrinconarán con miseria, les ofrecerán el suicidio de la droga, el descontrol y la violencia; los tentarán con el odio del resentimiento vengativo. Pero ellos, los humildes, cualquiera sea su posición y condición social, apelarán a la sabiduría del que se siente hijo de un Dios que no es distante, que los acompaña con la Cruz y los anima con la Resurrección en esos milagros, los logros cotidianos, que los animan a disfrutar de las alegrías del compartir y celebrar.

Los que saborean esta mística, los sabios de lo pequeño, ellos son los que recurren a Aquel que los alivia, al abrazo tierno de Dios en el perdón o en la entrega solidaria de muchos que, en distintas actividades, dan de la riqueza de sí.

Porque la Palabra llena de amor, aunque sea en un gesto, libera. Libera del yugo que nos imponemos cuando nos proponemos lo imposible, nos castigamos con lo irrealizable, nos atosigamos hasta deprimirnos con nuestras ambiciones y necesidad de ser reconocidos, de resaltar, o con nuestra mendicidad de afecto: no es otra cosa el acumular poder y riqueza. La sabiduría del humilde no las necesita, sabe que él vale por sí mismo, se siente amado por su Padre y Creador, aun ante el desprecio, el abandono, la humillación.

Así nos lo enseñó el Maestro de la humildad, el que llevó ligero su Cruz a la Pasión.

Despertar a la humildad

Por eso, y desde el camino de 200 años, el día de hoy nos invita a despertar, una vez más, a la humildad; a la humildad de aceptar lo que podemos y somos, a tener la grandeza de compartir sin engaños ni apariencias; porque las ambiciones desmedidas sólo lograrán que el supuesto vencedor sea el rey de un desierto, de una tierra arrasada, o el capataz de una propiedad foránea.

Los maquillajes y vestidos del poder y la reivindicación rencorosa son cáscara de almas que llenan su vacío triste y, sobre todo, su incapacidad de brindar caminos creativos que inspiren confianza. Es el vaciamiento consecuente de lo compulsivo de la soberbia en su manifestación más torpe, que es la veleidad.

El veleidoso, o vanidoso, es el que confunde pactos de contubernio con organización; escaramuzas con lucha; ventajismo con horizonte de grandeza. Como no se soporta a sí mismo necesita atemorizar a los demás y llena de palabras contradicentes lo que los hechos evidencian. Como carece de propuestas sólo enuncia reivindicaciones. Vive cuestionando, relativizando o trasgrediendo, porque sobrevive eternizando su adolescencia

Ninguno de nosotros está libre de la veleidad, es posiblemente un mal argentino, y tiene su castigo en la incapacidad para amar y recibir amor, escuchar al otro desde sí, hacerse cargo, *com-padecer*, ser solidario, acompañar, llevar los límites y diferencias, aceptar los límites y roles.

El veleidoso está solo. Aunque esté acompañado, aunque obligue a la reverencia y someta o quiera seducir o impactar con su actuación y discurso.

¿No es acaso la inseguridad veleidosa y mediocre lo que nos hace construir murallas ya sea de riqueza o poder o violencia e impunidad? Pues bien, la humildad de Jesús nos aligera, nos quita el yugo de nuestra vanidad e inseguridad, nos invita a confiar, a compartir para incluir.

Queridos hermanos, la invitación de Jesús es a aligerarnos del peso de nosotros mismos, de esas simulaciones, falsas creencias y recetas rápidas que tanto nos gusta ensayar a todos, y retomar la confianza del trabajo fraterno, mancomunado, de largo plazo quizás.

Como lo aprendieron los humildes de nuestro pueblo, héroes conocidos y anónimos, que se sintieron hijos de Dios y de esta tierra.

Como él mismo nos sugiere, confiar como hijos al igual que él, que no escatimó esfuerzos y entrega, aun sin ver los resultados.

La fraternidad en el amor como la vivió Jesús nos alivia, hace el yugo suave. No se trata de ser impecables pues nadie que se compromete deja de embarrarse, sino que se nos invita a no quedarnos en el chiquero que corrompe, porque Dios nos perdona siempre y nos eleva. Dios no se cansa de perdonar, somos nosotros quienes nos cansamos de pedir perdón.

Desde la soberbia del "sálvese quien pueda," o el aprovechar el desconcierto para acumular poder ocasional, se provoca la desintegración. Desde los desprendimientos que implica el saberse pequeños pero confiados, nace el gozo del construir juntos la grandeza de la Patria.

Rezamos desde el corazón

Jesucristo, Señor de la historia, danos la gracia de saber gozar de nuestra hermandad y amistad humilde que nos motive a construir juntos, porque nos sentimos hijos de tu Padre y Padre nuestro. Despierta nuestro corazón dormido en rivalidades y mezquindades, antes que sea tarde. Que no escuchemos con soberbia y ambición los miedos que nos vacían y ahuecan, sino que carguemos el yugo suave del compartir sin manipular, porque es un deber de justicia con nuestros hermanos, con nosotros mismos, y contigo.

María de Luján, que te quedaste como Madre en nuestra tierra para que la sintamos como un don, y transmites la ternura de Dios con tu presencia, tus manos, tu silencio; escucha el gemido de tu pueblo por una "justicia largamente esperada". Escucha el lamento silencioso de los que se destruyen porque no sienten la esperanza, de los que se esfuerzan a diario y les pagamos con sobras, de los que ya no tienen memoria de la "alegría de ser".

Tu rostro nos dice que no hay agobio que nos hunda, porque mirando a tu hijo Jesús como tú lo miras, encontramos la paz hasta en los momentos más duros.

Desde allí queremos recuperar la humildad que él tanto nos enseñó, y que nos reaviva la confianza.

Que así sea.

TE DEUM

25 DE MAYO DE 2012
EL MANDAMIENTO PRINCIPAL

REFERENCIA DE CONTEXTO

La Dra. Cristina Fernández de Kirchner se encuentra cumpliendo su segundo mandato como Presidenta de la Nación. Asimismo en el Ciudad de Buenos Aires, el Ing. Mauricio Macri ha sido elegido para un nuevo período como Jefe de Gobierno.

CLAVES PARA LA LECTURA Y LA REFLEXIÓN

El texto elegido es el del mandamiento principal: "El amor a Dios y al prójimo" del evangelio según san Marcos.

En el capítulo 12, el Evangelio consigna una discusión entre Jesús y distintos representantes de los grupos judíos de Jerusalén. En este caso, el protagonista es un escriba. Los escribas pasaban por ser los custodios e intérpretes autorizados de los textos bíblicos.

Su participación en los debates es presentada como correcta en su intención, y al final merece un reconocimiento del propio Jesús. La pregunta que le hace es sustancial: "¿Cuál es el primero de los mandamientos?". Jesús es claro y contundente en la respuesta y redobla la apuesta avanzando en lo que sería el segundo mandamiento.

El escriba no solo expresa su total acuerdo y satisfacción, sino que ratifica lo dicho por el Maestro, y realiza una "exégesis" o interpretación que define acertadamente el sentido profundo de la respuesta recibida "Amarlo con todo el corazón, con toda la inteligencia y con todas las fuerzas y amar al prójimo como a sí mismo vale más que todos los holocaustos y todos los sacrificios..."

Jesús convalida definitivamente esta respuesta cuyo impacto provoca el silencio y el enmudecimiento de quienes asistían a la escena: ...y nadie se atrevió a hacerle más preguntas... (Mc 12, 28-34).

Sobre este texto se profundiza la reflexión.

Para ello afirma que por sobre los *"vaivenes de la historia y las ambigüedades de los hombres, nuestros padres de mayo, con sus muchas diferencias y errores, apostaron a la confianza mutua que es raíz y fruto del amor. La confianza de poder poner las bases para conducir nuestro propio destino y todo lo que simbolizamos como Patria y Nación".*

Y sin enunciados previos nos dice: *"Un verdadero amor social se fue dando en el sacrificio diario de la construcción de esta Nación. Sangre y trabajo, renuncias y destierros llenan las páginas de nuestra historia. Aun oponiéndose el odio fratricida y las ambiciones particulares que traban y atrasan, no hacen sino confirmar que el amor a aquel proyecto fundante iba llevando a cabo este sueño de ser argentino. Inconcluso o truncado, herido o debilitado, el sueño está ahí para seguir siendo realizado y el Evangelio que hoy nos ilumina nos recuerda el amor fundante".*

Este párrafo podría resumir el núcleo del mensaje que la homilía intenta transmitir.

Se afirma en forma rotunda que Jesús *"proclama la única forma de fundar un vínculo y una comunidad que sea humanizadora: el amor gratuito, sin reclamos, que es consistente por convicciones, que siente y piensa a los otros como prójimos, es decir como sí mismo"*.

Frente a las críticas de los que llama *"predicadores de la mediocridad cultural y social"* que reaccionan cuando ven afectados sus intereses y reclaman actitudes éticas por parte de los demás y de las autoridades, interroga retóricamente: *"En qué se puede fundar una ética sino en el interés que "el otro" y "los otros" me despiertan desde el amor como convicción y actitud fundamental. Es decir desde esta "locura" que Jesús propone."*

Avanza señalando las otras "locuras" que impiden la realización del proyecto de Nación: el relativismo que califica paradójicamente de absolutista y totalitario porque te lleva al *"cállese"* y *"no te metas"* y la locura del poder como ideología única, que al identificar cualquier postura diferente como un esquema de poder que pone en peligro el propio, erosiona la confianza social que es raíz y fruto del amor.

Propone que en ocasión de la fecha patria nos detengamos y nos preguntemos por el corazón, el alma, el espíritu y las fuerzas de nuestro amor ciudadano y familiar. Y en consecuencia nos interpelemos sobre qué nos lleva a ser cómplices con nuestra indiferencia de las manifestaciones de abandono y desprecio hacia los más débiles de la sociedad, los niños y los ancianos. *"Parecería que el bien público y común poco importa mientras sintamos el ego satisfecho"*.

Al hablar de los niños y los jóvenes define que: *"La exigencia del amor es "cuidar, poner límites y abrir horizontes, dar testimonio con la propia vida"*.

Califica de *"narcosis del espíritu y de la vida"* la ausencia del amor. Y con palabras severas señala que ese narcisismo y consumismo, esa falta de amor, produce y crea el *"volquete existencial"* o *"la cultura del volquete"*. Lo que no sirve se tira.

"El vacío de amor (...) no sólo nos deshumaniza, sino que por ende ¨nos despolitiza¨". El remate de todo lo anterior es una afirmación contundente y original: *"Una política sin mística para los demás, sin pasión por el bien, termina siendo un racionalismo de la negociación o un devorarlo todo para permanecer, por el solo goce del poder. Aquí no hay ética posible, simplemente porque el otro no despierta interés"*.

Ya finalizando el desarrollo de la homilía trabaja el concepto del amor y aceptación de la propia debilidad, que horroriza a *"la pretensión de potencialidad sin límites del hombre de hoy, quien parece mostrar una sed de poder que huye de toda sensación de debilidad"*.

Como contracara de ese modelo de hombre, afirma: *"el diálogo y la búsqueda de las verdades, que nos llevan a construir un proyecto común, implican escucha, renuncias, reconocimiento de los errores, aceptación de los fracasos y equivocaciones...implican aceptar debilidad"*.

Remata todo lo dicho con afirmaciones categóricas:

- *"El mandamiento del amor (...) no es sin más un impulso puro de la naturaleza sino un don que desde nuestra naturaleza y desde la iniciativa de Dios, nos consolida como personas si le damos cabida y cultivo"*.

- *"El amor nos invita a aceptar que en la misma debilidad está la potencialidad de reconstruirnos, reconciliarnos y crecer"*.

- *"Lejos de ser un sentimentalismo común y una mera impulsividad, el amor es una tarea fundamental, sublime e irremplazable que hoy se torna una necesidad para ser propuesta a una sociedad deshumanizada"*.

- *"Sólo así viviremos nuestros esfuerzos, logros y fracasos con un sentido sólido y refundante, aunque sean mezclados y conflictivos, como los de mayo de 1810".*

Esta homilía se caracteriza por un esfuerzo reflexivo para profundizar el sentido del amor evangélico aplicado a la política.

En este sentido, logra "bajar" a la cotidianeidad las implicancias de una opción inspirada en el Evangelio para el compromiso político y social.

Es una interpelación a los ciudadanos, incluidos obviamente y sobre todo, a quienes detentan algún grado de poder y representación -sean de cualquier sector y de cualquier nivel- pero también perfectamente aplicables a cualquiera que desempeñe un rol con una cuota de poder, hasta el más sencillo y cotidiano.

Definir el "poder como servicio" se puede entender en la medida que el amor concreto y real por el otro sea la expresión práctica del primer mandamiento cuya enunciación preside el inicio de la homilía.

Una valiosa referente de nuestra época, Chiara Lubich, acuñó la frase -para muchos sorprendente y para otros increíble- de que la política era el "amor de los amores". Claro que al hablar de la política así entendida, se estaba hablando de una actividad donde la entrega "al otro" no tiene otro límite que el que el otro sea y sea en plenitud.

Quizás, una manera distinta de aplicar la frase evangélica de "no hay mayor amor que dar la vida por el otro". Este trasfondo bien puede constituir la base para un desarrollo de una teología de la política" y sus implicancias en la vida de los cristianos.

Homilía

Evangelio según san Marcos 12, 28-34

Un escriba que los oyó discutir, al ver que les había respondido bien, se acercó y le preguntó. ¿Cuál es el primero de los mandamientos? Jesús respondió: El primero es: Escucha Israel: el Señor nuestro Dios es el único Señor, y tú amarás al Señor, tu Dios, con todo tu corazón y con toda tu alma, con todo tu espíritu y con todas tus fuerzas. El segundo es: Amarás a tu prójimo como a ti mismo. No hay otro mandamiento más grande que éstos. El escriba le dijo: Muy bien, Maestro, tienes razón al decir que hay un solo Dios y no hay otro más que él, y que amarlo con todo el corazón, con toda la inteligencia y con todas las fuerzas, y amar al prójimo como a sí mismo, vale más que todos los holocaustos y todos los sacrificios. Jesús, al ver que había respondido tan acertadamente, le dijo: Tú no estás lejos del Reino de Dios. Y nadie se atrevió a hacerle más preguntas.

El amor como fundamento de convivencia

La celebración de mayo de 1810, en este sexenio del bicentenario de la Patria, nos remite una y otra vez a los fundamentos de nuestro convivir diario familiar y social y, por tanto, sociopolítico también. Aquellos primeros movimientos y acuerdos básicos dieron comienzo a un proceso, a un torbellino de sucesos que generaron la independencia posterior de la Nación en la que hoy habitamos y en la que queremos ser ciudadanos protagonistas.

El Evangelio que acabamos de escuchar nos acerca a una situación de repentina pero profunda comunión de sentimientos, justo en momentos en los que en torno a Jesús comenzaron a darse muchos desacuerdos en su contra: los del poder de turno, los de los religiosos y de una parte de la multitud que empieza a distanciarse o serle indiferente.

Un escriba, por tanto alguien poco propenso a acordar con el Maestro de Nazaret, se le acerca con curiosidad, más intelectual e inquisidora, a probar su solidez doctrinal. Pero se lleva una sorpresa: no sólo se encuentra con un compatriota que conoce la justicia de Dios sino que además tiene un corazón noble. Se encuentra con alguien que lo invita a la plenitud: "no estás lejos del Reino de los cielos". El potencial antagónico se ve enaltecido al mismo nivel de hermandad por pura invitación y estima de aquel corazón noble de Jesús, el Maestro, quien le ofrece la comunidad del Reino para su plenitud. Sólo la nobleza de corazón, de un corazón que no puede dejar de amar, tal como lo anuncia el mandamiento sobre el que dialogan, puede tender puentes y vínculos. Sólo el amor es plenamente confiable o, al decir de la Doctora del amor, Santa Teresita, "es la confianza y sólo la confianza la que deberá conducirnos al amor".

Salvando los vaivenes de la historia y las ambigüedades de los hombres, nuestros padres de Mayo, con sus muchas diferencias y errores, apostaron a la confianza mutua que es raíz y fruto del amor. La confianza de poder poner las bases para conducir nuestro propio destino y todo lo que simbolizamos como Patria y Nación. Y sin enunciados previos, un verdadero amor social se fue dando en el sacrificio diario de la construcción de esta Nación. Sangre y trabajo, renuncias y destierros llenan las páginas de nuestra historia. Aun oponiéndose el odio fratricida y las ambiciones particulares que traban y atrasan, no hacen sino confirmar que el amor a aquel proyecto fundante iba llevando a cabo este sueño de ser argentino. Inconcluso o truncado, herido o debilitado, el sueño está ahí para seguir siendo realizado y el Evangelio que hoy nos ilumina nos recuerda el amor fundante.

Un amor que exige "todo tu corazón y tu alma, tu espíritu y tus fuerzas" porque Jesús sabe, como lo sabían los sabios de Israel, que quien ama así a Dios no teme hacerlo con los demás, le sale solo y ligero. Los que aman con todo su ser, aun llenos de debilidades y límites, son los que vuelan con ligereza, libres de influencias y presiones. Quien no ama de "corazón y espíritu" se arrastra pesadamente entre sus especulaciones y miedos, se siente perseguido y amenazado, necesita reforzar su poder sin parar ni medir las consecuencias.

Jesús no da sólo un mandamiento en el sentido más común de la palabra sino que proclama la única forma de fundar un vínculo y una comunidad que sea humanizadora: el amor gratuito, sin reclamos, que es consistente por convicciones, que siente y piensa a los otros como prójimos, es decir como a sí mismo. Es cierto que resulta difícil encontrar un ser humano que no sienta la necesidad, la carencia o el deseo dirigido al amor, pero también es verdad que nuestras limitadas condiciones siempre lo estrechan y repliegan a los propios intereses. El amor que propone Jesús es gratuito e ilimitado y por ello muchos lo consideran, a él y su enseñanza, un delirio, una locura y prefieren conformarse con la mediocridad ambigua... sin críticas ni desafíos. Y esos mismos predicadores de la mediocridad cultural y social reclaman, cuando sus intereses se ven afectados, actitudes éticas por parte de los demás y de las autoridades. Pero ¿en qué se puede fundar una ética sino en el interés que "el otro" y "los otros" me despiertan desde el amor como convicción y actitud fundamental?, es decir, desde esta "locura" que Jesús propone.

Relativismo y poder como ideología única

Esta "locura" del mandamiento del amor que propone el Señor y nos defiende en nuestro ser aleja también las otras "locuras" tan cotidianas que mienten y dañan y terminan impidiendo la realización del proyecto de Nación: la del relativismo y la del poder como ideología única. El relativismo que, con la excusa del respeto de las diferencias, homogeniza en la transgresión y en la demagogia; todo lo permite para no asumir la contrariedad que exige el coraje maduro de sostener valores y principios. El relativismo es, curiosamente, absolutista y totalitario, no permite diferir del propio relativismo, en nada difiere con el "cállese" o "no te metas".

El poder como ideología única es otra mentira. Si los prejuicios ideológicos deforman la mirada sobre el prójimo y la sociedad según las propias seguridades y miedos, el poder hecho ideología única acentúa el foco persecutorio y prejuicioso de que "todas las posturas son esquemas de poder" y "todos buscan dominar sobre los otros". De esta manera se erosiona la confianza social que, como señalé, es raíz y fruto del amor.

Jesús, en cambio, manifestó el poder del amor como servicio. Por más que se lo destruya el poder del amor como servicio siempre resucita. Su fuente está más allá de toda indicación humana; es la paternidad amorosa de Dios, fuente inalcanzable e incuestionable. El amor procurado por uno al otro hace que éste no sea manipulado ni malinterpretado. Sólo lo superior, el amor de Dios, afianza el poder de Jesús.

Nosotros somos invitados a refundarnos en la soberanía del amor simple y profundo, del amor que hoy escuchamos en el Evangelio, mandamiento que anuda el amor de Cristo y de Dios Padre en los vínculos y la dignidad de los otros amados como "a nosotros mismos". Pero, en cambio, cuando se utiliza el nombre de Dios para someter y violentar, o a cualquier otra entidad real o ideológica para lo mismo, se cae en pura idolatría y, cuando lo hacemos, no obramos como Él obra con nosotros.

La falta de amor y la cultura del volquete

Esta fecha patria es un momento propicio para detenernos y preguntarnos por "el corazón, el alma, el espíritu y las fuerzas" de nuestro amor ciudadano y familiar. Ese amor que nos enseña a vivir bien y ayudar en el crecimiento de los otros, que son como nosotros, que merecen el amor como nosotros por ser personas y compatriotas. Ningún sistema o ideología asegura por sí mismo este cuidadoso y justo trabajo político del bien de los otros, de todos nosotros. Para ello hace falta vivir el amor como don preciado e invocado, que inspira la ética y el sacrificio, la prudencia y la decisión. Entonces, ante este mandamiento que pide todas nuestras fuerzas, ante este don que ayuda a fundar nuestra conciencia cívica y política más honda y que, sobre todo, pide un corazón noble, nos hará bien hoy, con coraje genuino, hacer un examen de conciencia y preguntarnos en concreto sobre una realidad cotidiana que precisamente es lo contrario al amor, es consecuencia del desamor: *¿qué nos lleva a ser cómplices, con nuestra indiferencia, de las manifestaciones de abandono y desprecio hacia los más débiles de la sociedad?*.

Porque en la voracidad insaciable de poder, consumismo y falsa eterna - juventud, los extremos débiles son descartados como material desechable de una sociedad que se torna hipócrita, entretenida en saciar su "vivir como se quiere" (como si eso fuera posible), con el único criterio de los caprichos adolescentes no resueltos. Parecería que el bien público y común poco importa mientras sintamos el "ego" satisfecho. Nos escandalizamos cuando los medios muestran ciertas realidades sociales... pero luego volvemos al caparazón y nada nos mueve hacia esa consecuencia política que está llamada a ser la más alta expresión de la caridad. Los extremos débiles son descartados: los niños y los ancianos.

A veces se me ocurre que, con los niños y los jóvenes, somos como adultos abandónicos que prescindimos de los pequeños porque nos enrostran nuestra amargura y vejez no aceptada. Los abandonamos al arbitrio de la calle, al "sálvese quien pueda" de los lugares de diversión o al anonimato pasivo y frío de las tecnologías. Dejamos todo a su cuidado y los imitamos porque no queremos aceptar nuestro lugar de adultos, no entendemos que la exigencia del mandamiento del amor es cuidar, poner límites y abrir horizontes, dar testimonio con la propia vida. Y, como siempre, los más pobres encarnan lo más trágico del filicidio social: violencia y desprotección, tráfico, abusos y explotación de menores.

Y también los ancianos son abandonados, y no sólo en la precariedad material. Son abandonados en la egoísta incapacidad de aceptar sus limitaciones que reflejan las nuestras, en los numerosos escollos que hoy deben superar para sobrevivir en una civilización que no los deja participar, opinar ni ser referentes según el modelo consumista de "sólo la juventud es aprovechable y puede gozar". Esos ancianos que deberían ser, para la sociedad toda, la reserva sapiencial de nuestro pueblo.

¡Con qué facilidad, cuando no hay amor, se adormece la conciencia! Tal adormecimiento señala cierta narcosis del espíritu y de la vida. Entregamos nuestras vidas y, mucho peor, las de nuestros niños y jóvenes, a las soluciones mágicas y destructivas de las drogas (legales e ilegales), del juego legalizado, de la medicación fácil, de la banalización hueca del espectáculo, del cuidado fetichista del cuerpo. Las encapsulamos en el encierro narcisista y consumista. Y, a nuestros ancianos, que para este narcisismo y consumismo son material descartable, los tiramos al volquete existencial. Y así, la falta de amor instaura la "cultura del volquete". Lo que no sirve, se tira.

Esta exclusión, verdadera anestesia social, se refuerza, por una parte, con las representaciones identitarias del discurso mediático de denigración de todo lo que no responda a la ideología de la moda y, por otra parte, con la confusa difusión del modelo del "vínculo líquido" sin compromiso como nuevo núcleo familiar, para que siga produciendo sujetos que traen al mundo hijos que continúen sintiendo la desorientación de adultos que no saben amar. Abandonan y desamparan reproduciendo así, trágicamente en su descendencia, sus propios vacíos interiores. No nos debe extrañar, entonces, que se expanda la violencia contra los niños e indefensos; debe más bien alarmarnos nuestra capacidad de mirar hacia otro lado y de hacernos los distraídos, nuestra cobardía.

El amor impulsa al cuidado del bien común

El vacío de amor, su vulgarización y bastardeo permanente, aun desde algunos discursos pseudoreligiosos, no sólo nos deshumaniza sino que, por ende, nos despolitiza. El amor, en cambio, impulsa al cuidado de lo común y sobre todo del Bien común que potencia y beneficia los bienes particulares. Una política sin mística para los demás, sin pasión por el bien, termina siendo un racionalismo de la negociación o un devorarlo todo para permanecer por el solo goce del poder. Aquí no hay ética posible, simplemente porque el otro no despierta interés.

Contemplar la forma en que Jesús vivió y transmitió su mandamiento del amor me inspira una reflexión: daría la impresión de que resulta débil para las pretensiones de potencialidad sin límites del hombre de hoy, quien parece mostrar una sed de poder que huye de toda sensación de debilidad. No soportamos vernos débiles. El diálogo y la búsqueda de las verdades que nos llevan a construir un proyecto común implican escucha, renuncias, reconocimiento de los errores, aceptación de los fracasos y equivocaciones... implican aceptar debilidad. Pero da la impresión de que siempre caemos en lo contrario: los errores son cometidos por "otros" y seguramente en "otro lado". Crímenes, tragedias, pesadas deudas que debemos pagar por hechos de corrupción...pero, "nadie fue". Nadie se hace cargo de lo que hay que hacer y de lo hecho. Parecería un juego inconsciente: "nadie fue" es, en definitiva, una verdad y quizás hemos logrado ser y sentirnos "nadie".

Y respecto del poder: el ejercicio de buscar poder acumulativo como adrenalina es sensación de plenitud artificial hoy y autodestrucción mañana. El verdadero poder es el amor; el que potencia a los demás, el que despierta iniciativas, el que ninguna cadena puede frenar porque hasta en la cruz o en el lecho de muerte se puede amar. No necesita belleza juvenil, ni reconocimiento o aprobación, ni dinero o prestigio. Simplemente brota... y es imparable; y si lo calumnian o destruyen más reconocimiento incuestionable adquiere. El Jesús débil e insignificante a los ojos de los politólogos y poderosos de la tierra revolucionó el mundo.

El mandamiento del amor apunta a que sintamos el llamado a trabajar nuestra capacidad de amar. No es, sin más, un impulso puro de la naturaleza, sino un don que, desde nuestro natural y desde la iniciativa de Dios, nos consolida como personas si le damos cabida y cultivo. En cambio, sin amor el alma se marchita y endurece, se vuelve fácilmente cruel. No por nada nuestros antiguos tomaron el término castizo de "desalmado" para quien no tiene compasión ni consideración al otro. El amor inspira la nobleza en el escriba y en Jesús a pesar de pensar distinto. Y "nobleza obliga". Jesús abre la puerta a construir el Reino; la confianza mutua, basada en la confianza en lo superior, nos facilita no sólo la convivencia sino el construir común de una comunidad nacional que nos beneficie.

El amor como tarea fundamental

El amor hoy nos invita a proceder sin cortoplacismos, ocupándonos de las generaciones que vienen y no entregándolas a tendencias facilistas. Nos invita a proceder sin relativismos inmaduros, displicentes y cobardes. Nos invita a proceder sin narcotizarnos frente a la realidad y sin psicología de avestruz escondiendo la cabeza ante fracasos y errores. El amor nos invita a aceptar que, en la misma debilidad, está toda la potencialidad de reconstruirnos, reconciliarnos y crecer.

Lejos de ser un sentimentalismo común, y una mera impulsividad, el amor es una tarea fundamental, sublime e irreemplazable que hoy se torna una necesidad para ser propuesta a una sociedad deshumanizada. Lo ha señalado en dos de sus encíclicas el papa Benedicto XVI quien nos recuerda que todo el ascenso de la maravillosa fuerza vitalizadora del amor de deseo del hombre no se completa ni ennoblece ni encuentra su real sentido último sin el Amor como Don que proviene de Dios. Sólo así viviremos nuestros esfuerzos, logros y fracasos con un sentido sólido y refundante, aunque sean mezclados y conflictivos como los de mayo de 1810. Ya conocemos hacia donde nos llevan las pretensiones voraces de poder, la imposición de lo propio como absoluto y la denostación del que opina diferente: al adormecimiento de las conciencias y al abandono. Sólo la mística simple del mandamiento del amor, constante, humilde y sin pretensiones de vanidad pero con firmeza en sus convicciones y en su entrega a los demás, podrá salvarnos.

María de Luján, modelo de amor, de amor silencioso y paciente, no dejará de acompañarnos y bendecirnos al pie de nuestra cruz y en la luz de la esperanza.

Conclusión

Al finalizar la lectura y reflexión de las homilías, el lector atento habrá descubierto la coherencia interna que tienen en el abordaje de las diversas y complejas situaciones.

Esta *coherencia o unidad de pensamiento* surge de una sólida formación filosófico-teológica de su autor, que ahonda sus raíces en la Doctrina Social de la Iglesia, y su sentido de pertenencia a un pueblo y su historia, que se manifiesta en una visión del hombre como ser social, sujeto y artífice de su propio destino, realizador de cultura y de la vida de un pueblo.

Esta profundidad y riqueza de los análisis que contienen, superan en mucho las coyunturas y circunstancias que las inspiraron. Los valores que se rescatan y promueven, las fragilidades y miserias que se denuncian constituyen un bagaje que forman parte, en muchos casos, no sólo de nuestra sociedad, sino de muchas otras sociedades contemporáneas.

En alguna medida, el mensaje que se rescata en todas ellas es vigente y aplicable a la realidad contemporánea y posiblemente lo sea por mucho tiempo. Y esto es así porque están atravesadas de un profundo sentimiento de humanidad amorosa y compasiva, fundada en la Buena Noticia de Jesús.

Hay un elemento presente en todas las homilías: El carácter profético, en sentido bíblico/teológico. Pues no son enunciaciones protocolares, ni de circunstancias, sino que tienen el contenido de denuncia y anuncio propio del género profético.

La denuncia con respecto a los poderosos: sin concesiones ni contemplaciones de ninguna índole, sin faltar a la caridad, cuestiona a los que ejercen el poder de distintas maneras por su egoísmo, frivolidad y falta de actitud de servicio y aislan su conciencia y por tanto, su acción, de la búsqueda del Bien Común de la nación.

El anuncio de que construir una patria para todos con justicia y solidaridad es posible, y parte siempre de una actitud de confianza en las potencialidades de nuestro pueblo. Incluso, en varias homilías reitera el concepto de "alma del pueblo".

Gran parte de sus contenidos están referidos y son de aplicación directa a la conciencia, la forma de vida y la accioón, de cualquier ciudadano, creyente o no, más allá de su pertenencia a algún gobierno, partido político, organismo oficial, etc.

Podemos decir que el conjunto de estas homilías expresan el pensamiento social del Cardenal Jorge Mario Bergoglio, sj, fundado en una visión cristiana del hombre y de la historia, y a su vez, un aporte fundamental al desarrollo de la Doctrina Social de la Iglesia, desde nuestro presente, para ponerlo como base de nuestro actuar.

ÍNDICE

Este libro se terminó de imprimir, en el mes de agosto de 2013, en
Mundo Gráfico, Estanislao Zeballos 885, Avellaneda,
Provincia de Buenos Aires, República Argentina.